AF574083

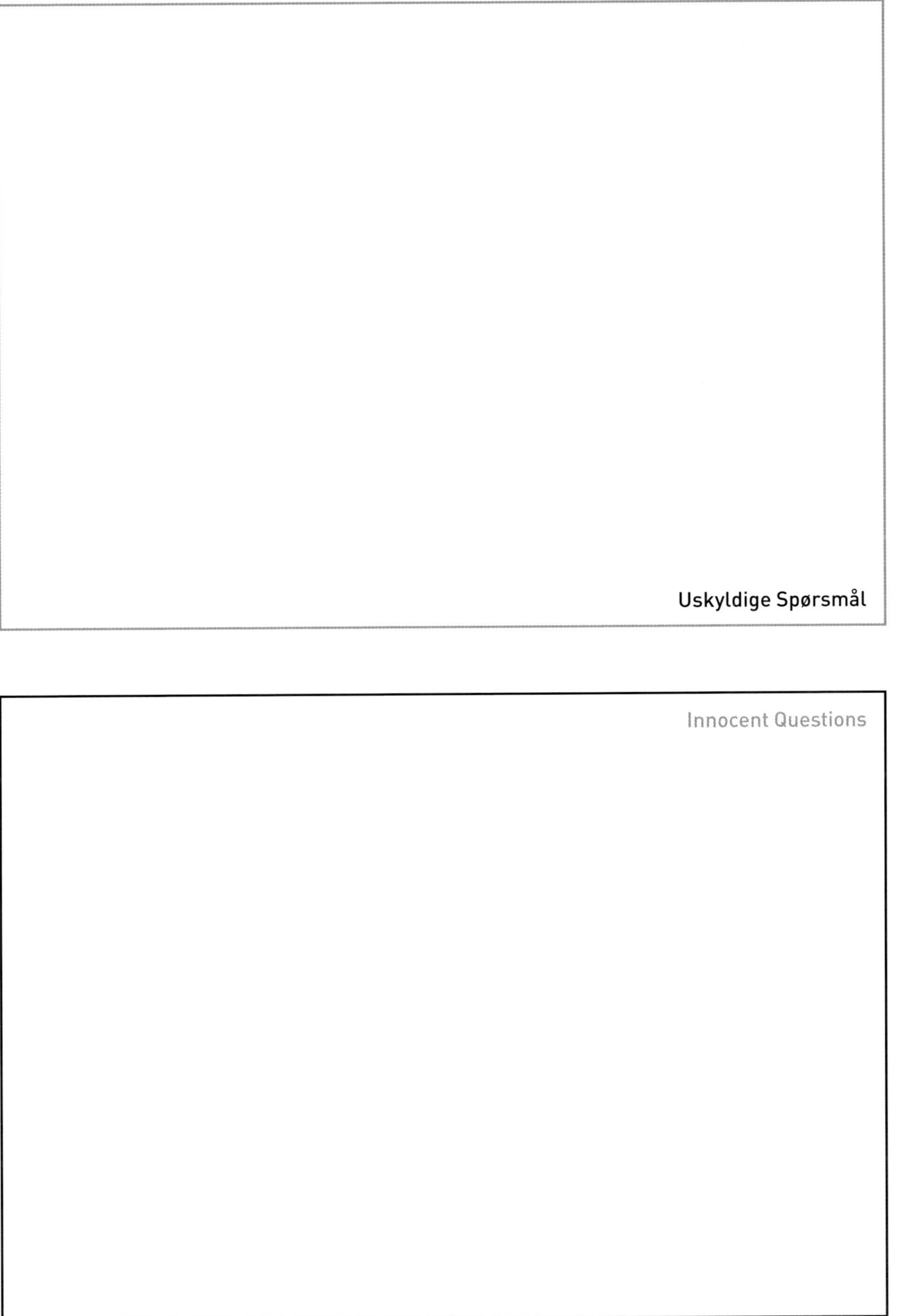

Uskyldige Spørsmål

Innocent Questions

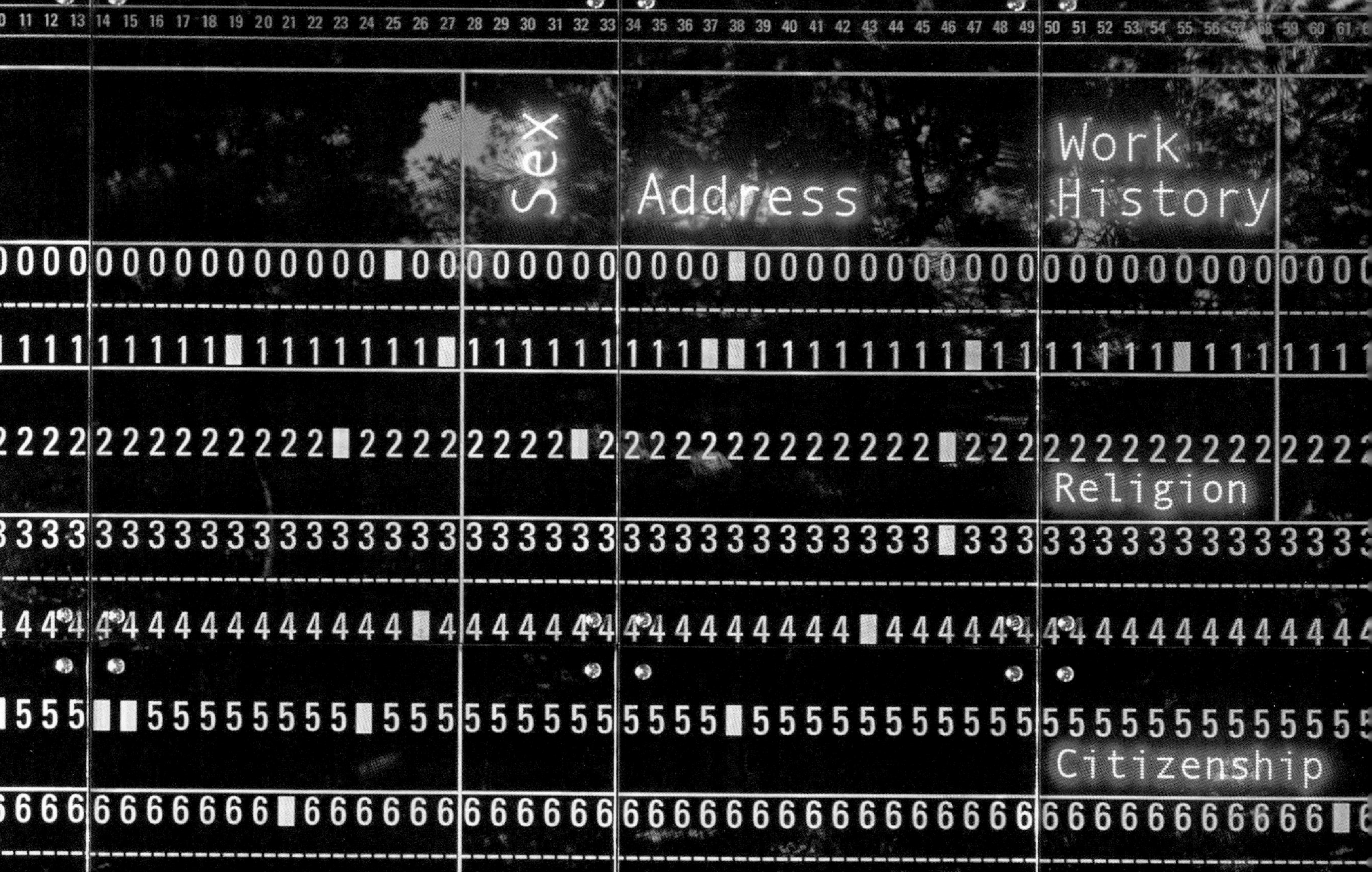

Sex
Address
Work History
Religion
Citizenship
Criminal Records
Nationality

Arnold Dreyblatt

USKYLDIGE SPØRSMÅL

INNOCENT QUESTIONS

KEHRER

Innholdsfortegnelse / Table of Contents

Innledning
ved kunsterisk konsulent og
leder for Utsmykkingsutvalgets komité

Jan Brockmann

«Kunsten bidrar til den estetiske utformingen av våre omgivelser», heter det i Utsmykkingsfondets beskrivelse av kunst i offentlige bygg, «den tilfører også steder og rom nye dimensjoner ved å problematisere og provosere.»[1] Det lille ordet «også» gjør oss oppmerksom på at det er to sider ved kunstens rolle i det offentlige rom som ikke uten videre faller sammen. Kunsten er ikke kun utsmykkning. Det er to momenter ved det estetiske; det som tiltar oss og det som utfordrer oss, den sanselige fortryllelse og den sansbare erkjennelse. Selv om vi måtte ønske oss at disse momentene uløselig spiller sammen, så synes disse to sidene ofte uforenelige i samtidskunsten. Vi forventer at kunstverk har både korresponderer med sine omgivelser og reflekterer «stedets ånd». Teorien om «genius loci» kan ikke se bort fra at sted også kan være åsted – og ofte er det. Galgenen – som ofte var plassert synlig for alle – har i sin tid like mye satt sitt preg på mange av våre steder som kirketårnet.

Villa Grande på Bygdøy er et historisk sted, hvor Vidkun Quisling som var leder for NS, bodde mellom 1941 og 1945. I dag er det Senteret for studier av Holocaust og livssynsminoriteters stilling i Norge. Senteret har som sitt mål å arbeide mot rasisme og diskriminering og forsøke å gi bedre forutsetninger for et flerkulturelt samfunn i Norge i dag.

Introduction
by the Art Advisor and
Director of the Public Art Committee

Jan Brockmann

»Art contributes to the aesthetic shaping of our surroundings,« according to The National Foundation for Art in Public Buildings, »it also adds new dimensions to places and spaces by challenging and provoking.«[1] The little word »also« calls attention to conflicting aspects of art's role in public spaces. Art is not only decoration. There are two elements of the aesthetic, one that directly seizes us and one that challenges us, the sensually enchanting and the moments of pure sensual recognition. Although we may wish that these were inextricably interwoven, many people seem to think that these are irreconcilable in contemporary art.

We expect artworks to have an intrinsic relation to their surroundings, that they both correspond to their physical outer appearance and reflect the »spirit of the place.« Yet this theory of genius loci may not allow for a more sinister notion of place. Historically, gallows – intended to be visible for all – have dotted as many hilltops as church towers.

Villa Grande in Bygdøy is such a historical place, where Vidkun Quisling, the leader of the Norwegian »Nasjonal Samling« lived between 1941 and 1945.

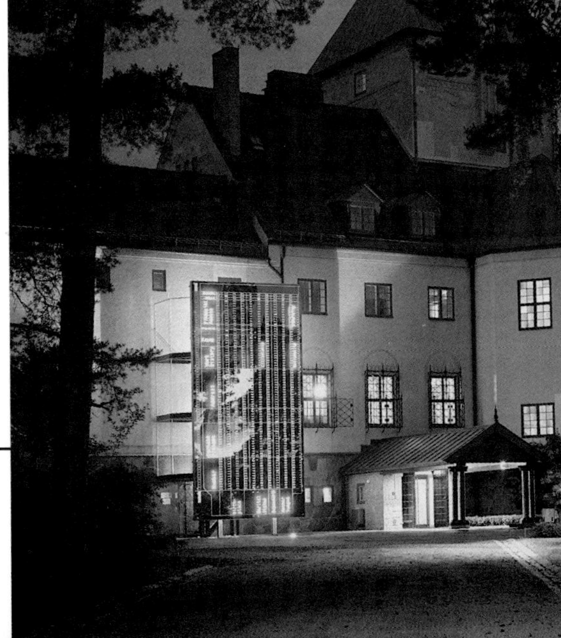

Arnold Dreyblatt,
«Innocent Questions», 2006

Utsmykkingsfondet for offentlige bygg festet seg ved Villa Grandes forplass som sted for et kunstverk. Området ble vurdert som stort og mulighetsrikt for en kunstnerisk introduksjon til Senterets innhold og budskap, men samtidig også som meget krevende på grunn av byggets borgaktige karakter og dominerende plassering.

Juryen gikk enstemmig inn for Arnold Dreyblatts prosjekt «Uskyldige Spørsmål». Dreyblatt har i mer enn tretti år arbeidet med bruken av elektroniske medier og skulpturelle rom for å skape steder for refleksjon over kollektiv og individuell erindring. Hans prosjekt var det eneste konkurransebidraget som i sin vertikalitet svarer til byggets tårnende, borgaktige virkning. Verket har nesten ni meters høyde og mer enn fire meters bredde, men til tross for sin størrelse virker arbeidet nesten immaterielt, antimonumentalt, som en bresje i festningen.

Installasjonen står i en estetisk materialkontrast til veggens lukkede, avvisende karakter og smijernspynten foran vinduene ved siden av. Formalestetisk betraktet bidrar den til en visuell utvidelse og berikelse av forplassen – til en åpning av bastionen og en invitt til publikum som inngangspartiet ikke makter å formidle. Men den tiltar oss ikke bare, den taler også til oss.

«Uskyldige Spørsmål» er tittelen på denne installasjonen, og uskyldige virker disse ordene som spør etter navn, herkomst, yrke osv., slik vi kjenner dem alle fra utallige spørreskjemaer. Skønt ordet «uskyldig» er kanskje misvisende, fordi spørsmålet om skyld eller uskyld faller i den forvaltede verdens blinde flekk. Det usynliggjorte gjøres synlig.

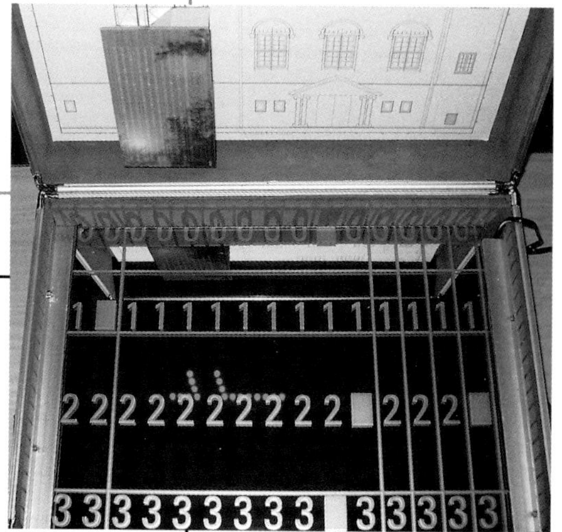

Konkurransebidrag, modell / Model, Competition Proposal, Arnold Dreyblatt, 2004

Today, the Villa Grande is home to »The Center for Studies of Holocaust and Religious Minorities«, whose purpose is to conduct historical research and to influence public support for a future in which tolerance and self-reflection characterizes our shared cultural space. This is the site chosen for a work of art by The National Foundation for Art in Public Buildings. The area was considered to be of appropriate size and it is filled with potential as an artistic introduction to the Center's content and message. At the same time, it is a demanding site, due to the building's fortress character and dominant placement in the landscape.

The jury was unanimous in its selection of Arnold Dreyblatt's project »Innocent Questions«. Dreyblatt has worked for more than thirty years with electronic media and sculptural space to create places for reflection about collective and individual remembrance. Dreyblatt's project was the only submission in the artistic competition with a verticality that was visually weighted in relation to the building's towered, castle-like architecture. The work is nearly nine meters high and more than four meters wide. Despite its size, the work seems almost immaterial, anti-monumental, like a breach in the fortress.

There is an aesthetic material contrast between the work and the walls' closed, spurning character and decorative ironwork in front of the adjacent windows. In terms of formal aesthetics, the installation visually expands and enhances the area in front of the building, inviting the public into the bastion in a way that the unappealing entrance does not manage.

Registreringen kan misbrukes, er blitt og blir misbrukt til å identifisere og utestenge mennesker som er «annerledes», «uønsket» etter tilsynelatende rasjonelle, objektive kriterier som ikke lar seg overprøve. Stikkordene som lyser opp i LED-skrift er delvis hentet fra «Spørreskjema for jøder i Norge» som er påvist trykt i 12000 eksemplarer umiddelbart etter at Quisling ble innsatt som «ministerpresident» av Reichskommissar Terboven. Andre ord stammer fra andre kilder, som for eksempel det gjeldende spørreskjemaet for visa etter Schengen-avtalen.

Kunstneren har ikke skapt et minnesmerke, heller et varsku; det er ikke et sted der vi skal minnes noe som var, men der vi skal huske noe som er og ikke bør forgå. I sin kompleksitet og ambivalens, ved å ta opp i seg både historiske og samtidige dokumenter, treffer dette kunstverket en hovednerve i Senterets arbeid som selv i ikke uvesentlig grad går ut på å registrere, dokumentere og bearbeide historiske data.

Arbeidet har en sterk visuell presens og er en markør av husets gamle og nye innhold, samtidig et brudd med den historiserende festningsfasaden. LED-skriften som oftest anvendes i reklamen og kommersiell informasjon blir her til skriften på veggen som grunnleggende omformer forplassens karakter. Installasjonen vil være en øyenvekker fjernt og nært; den vil kunne sees mellom trærne allerede ved inngangsporten, i mørket ved LED-skriftens røde lys som kommer og går, i lyset gjennom speiling av parken og optisk utvidelse av forplassen. På veien oppover den slake svingen vil den gradvis bli synlig og fremtre i sin helhet, innrammet av furuene. Endelig foran verket vil betrakteren uforvarende se seg selv i speilet.

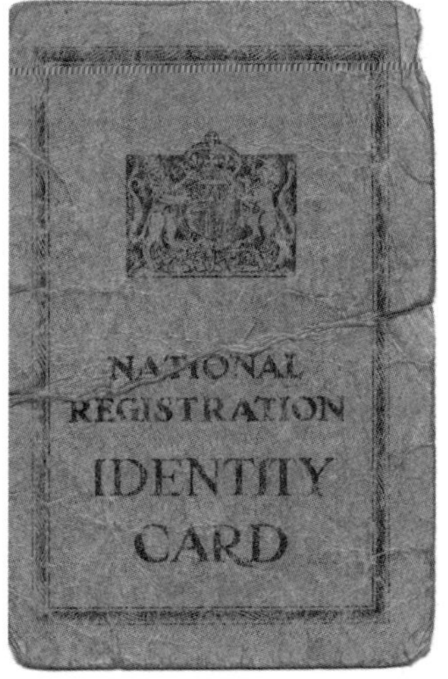

Identitetskort, Storbritannia / Identity Card, United Kingdom, 1940

However, it does not just capture our attention, it speaks to us as well. »Innocent Questions« is the title of this installation, and the words innocently ask for name, ancestry, and occupation in a manner that is familiar from countless questionnaires. Notably, the Norwegian translation of innocent, ›uskyldig‹, is misleading because it already contains the concept of guilt, as in ›not guilty‹. While the question of guilt may fall into the blind spot of the administered world, this disappearance is now made visible.

Registration has been – and is being – misused to identify people who are undesirable according to seemingly rational, objective criteria that cannot be tested. Key words written in LEDs are partly taken from »Questionnaire for Jews in Norway«, printed in twelve thousand copies immediately after Quisling was inaugurated as ›minister president‹ by Imperial Commissioner Terboven. Other words are taken, among other sources, from contemporary questionnaires used in issuing visas according to the Schengen Treaty.

The artist has not created a monument; rather, the work is more like a warning. It is not a place that reminds us of something that was, but to remember what is still going on and should not continue. In its complexity and ambivalence, by incorporating both historical and contemporary documents, this artwork touches on a central aspect of the Center's work, which also involves registering, documenting and treating historical data.

The work has a strong visual presence, signifying both old and new content and breaking with the historical character of the fortress facade. The use of LEDs fundamentally changes the character of the area in front of the building. The work will make an impact at close and

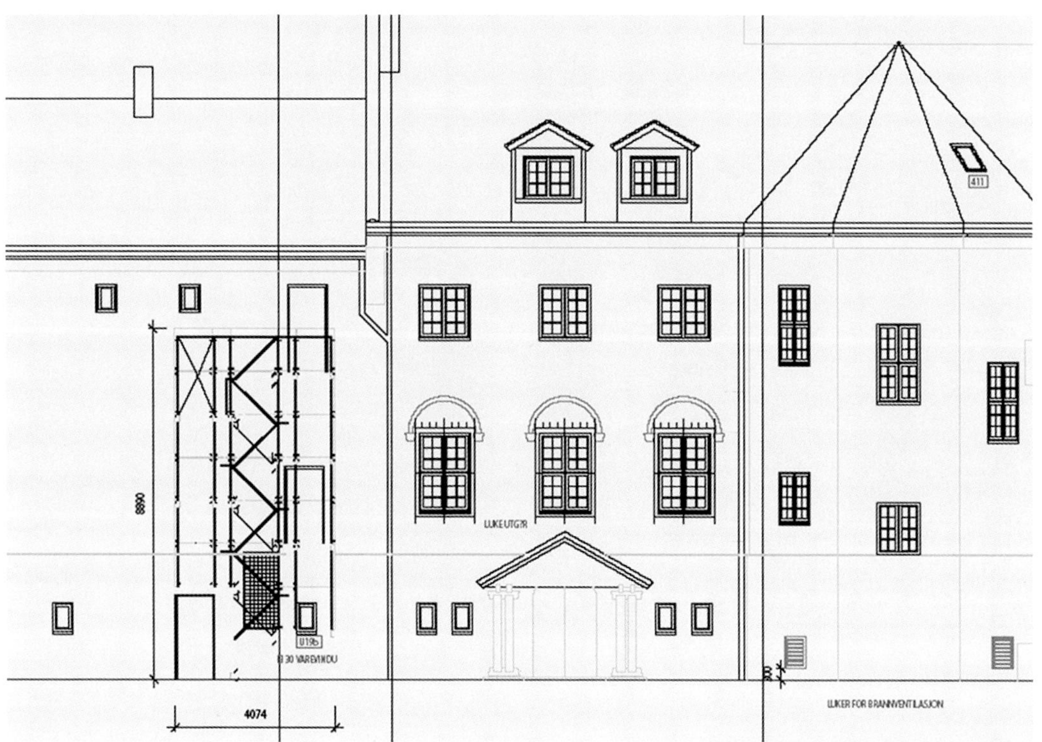

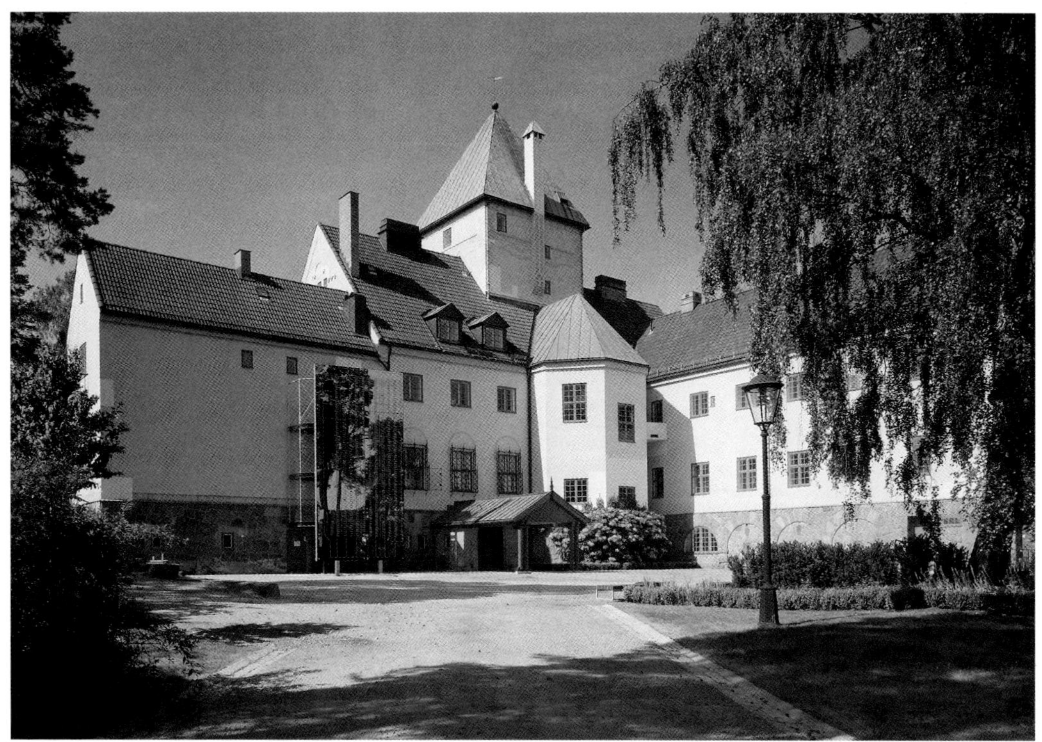

Arkitektonisk tegning, fasade / Architectural Drawing, Facade, Villa Grande

Arnold Dreyblatt, «Innocent Questions», Villa Grande, 2006

På denne måten skifter opplevelsen av verket fra fascinasjon til konfrontasjon, fra det som tiltar oss til det som utfordrer oss, fra å vekke oppsikt til å gi oss innsikt: Der er et håp at vi lærer noe på veien. Norges hovedstad vil få en kunstnerisk severdighet der estetikkens begge momenter er til stede.

1 Nettside www.utsmykkingsfondet.no. Stikkord: Oppgaver, Skape.

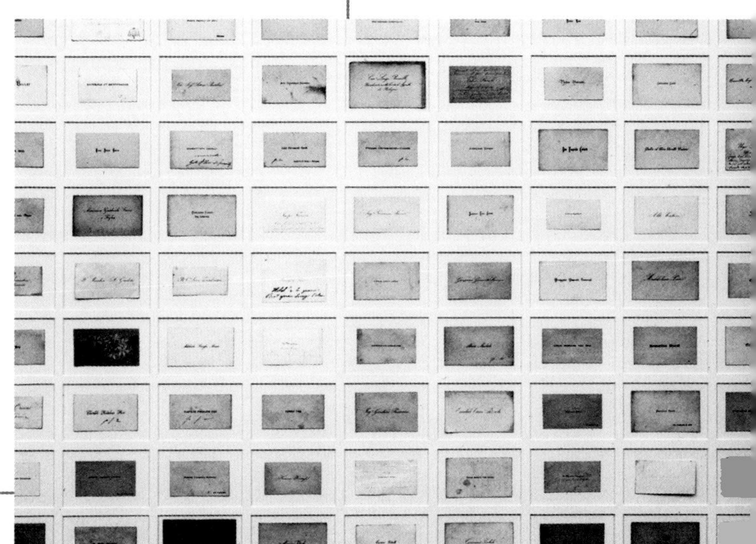

Arnold Dreyblatt, «Index», 1998, Fast samling, Komitéhuset, Stortinget / Permanent Collection, New Committee House, Norwegian Parliament

far range, visible through the trees even at the main gate, at twilight as the red LED text comes and goes, and in the daylight by reflecting the park and visually expanding the area in front of the house. On the way up the sloping path, it will gradually reveal itself in its entirety, framed by the pines. Finally, standing in front of the work, the visitor himself appears in the mirror. As such, awareness of the work shifts from fascination to confrontation, from attracting us to challenging us, from a surprising to an insightful experience. There is also a hope that we learn something on the way. Norway's capital has been given an artwork that embodies both aspects of the aesthetic.

1 See www.utsmykkingsfondet.no, »Oppgaver, Skape«.

Senteret for studier av Holocaust og livssynsminoriteter	Odd-Bjørn Fure

Skjebnens ironi

I 2000 ga Stortinget sin tilslutning til et forslag om å stille Villa Grande til rådighet for HL-senteret. Man kan trygt si at det er en skjebnens ironi at Vidkun Quislings bolig – et sted som framfor noe annet symboliserer den sivilisasjonskrise som det norske NS-regimet representerte – skal huse nettopp Senter for studier av Holocaust og livssynsminoriteter. Arnold Dreyblatts i dobbel forstand store kunstverk, som nå skal prege byggets forside, binder sammen disse to faser i dets historie, på samme tid som det oppfordrer til årvåkenhet overfor aktuelle og potensielle farer i vår egen tid. «Uskyldige Spørsmål» viser de moderne registreringssystemenes tvetydighet. De er nødvendige for et vidt spekter av gode formål, men i makthavernes hender er de under visse betingelser et dødelig våpen mot grupper som blir definert utenfor bestemte fellesskap. Kunstverket går således til kjernen i modernitetens tvetydighet.

Senter for studier av Holocaust og livssynsminoriteter er en stiftelse som ble opprettet av Universitetet i Oslo i 2001 etter oppdrag fra den norske stat. Initiativet kom fra Det Mosaiske Trossamfund. Senterets grunnkapital på 40 millioner kroner er en del av restitusjonsoppgjøret etter den økonomiske likvidasjon av den jødiske minoritet i Norge under den andre verdenskrig.

Center for Studies of Holocaust and Religious Minorities in Norway	Odd-Bjørn Fure

An Irony of Fate

In 2000, the Norwegian Parliament approved a proposal to place the Villa Grande at the disposal of the Center for Studies of the Holocaust and Religious Minorities (HL-senteret). It is an irony of fate that Vidkun Quisling's residence – a place that foremost symbolizes the Norwegian NS regime and a crisis of civilization – should house a center dedicated to research and education on Holocaust and other genocides. Arnold Dreyblatt's work of art, which will now distinguish the front of the building, combines these two phases of the building's history and cautions of real and potential dangers in our own time. »Innocent Questions« shows the ambiguity inherent in modern registration systems. While these systems are necessary for a wide range of good purposes, in the wrong hands they may also become a deadly weapon against groups that are excluded from particular communities. As such, the work of art points to the core of modernity's ambiguity.

The Center for the Studies of the Holocaust and Religious Minorities is a foundation created by the University of Oslo in 2001 at the behest of the

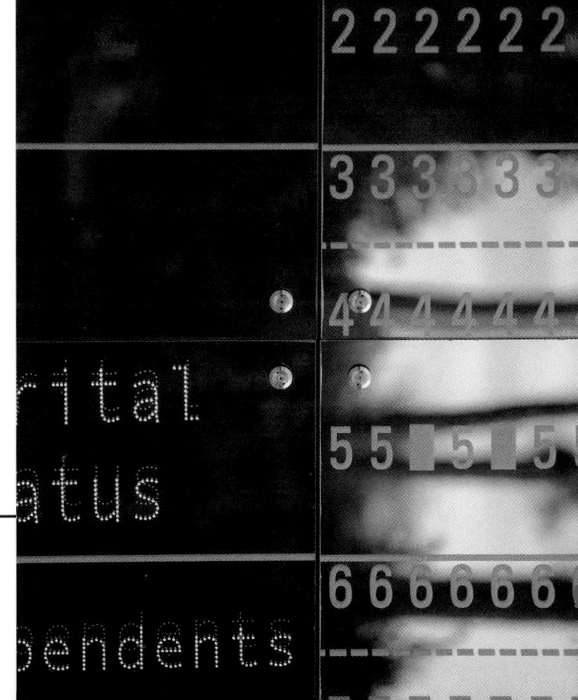

Arnold Dreyblatt, «Innocent Questions», 2006 (detalj / detail)

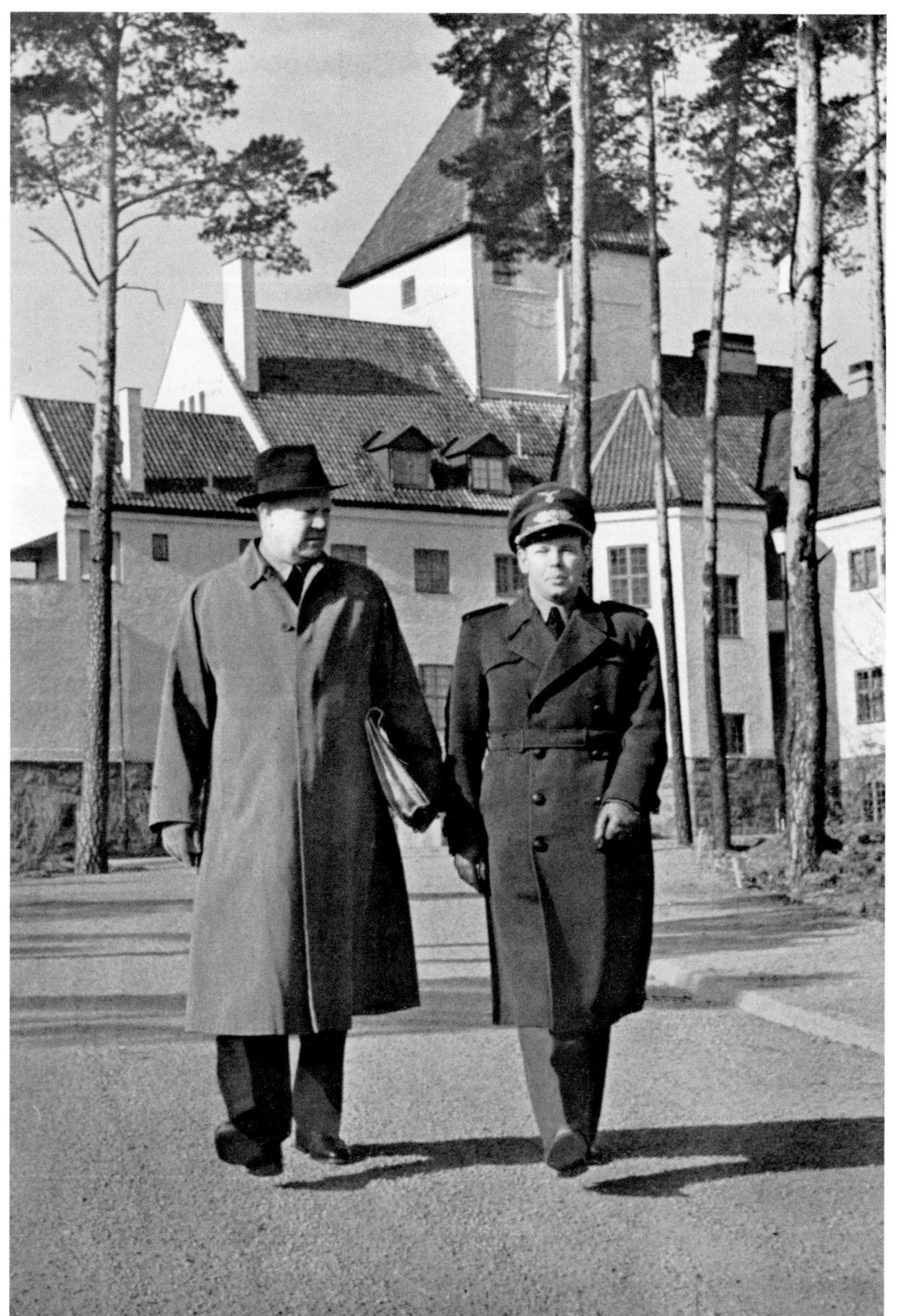

Vidkun Quisling med sin sjåfør foran Villa Grande eller «Gimle» som det dengang het. Fra et festskrift for Quislings 55-års dag i 1942 (Utgitt av NS-presse og propaganda-avdeling) / Vidkun Quisling with his driver, in front of the Villa Grande (at the time »Gimle«). From a »festskrift« written for Quislings 55th birthday in 1942 (Published by NS Press and the Propaganda Department)

Senterets virksomhet er fundert på to omfattende temakomplekser: 1. Holocaust og andre folkemord, rasisme, antisemittisme og andre former for stigmatisering, og 2. studier av minoriteter, med spesiell vekt på religions- og livssynssamfunn. Senteret utvikler kunnskap om diskriminering basert på rasisme, antisemittisme og andre diskriminerende trosforestillinger, og om mekanismer og prosesser som fører til forvitring av siviliserte adferdskoder mellom enkeltindivider, grupper og nasjoner. I enkelte tilfeller fører disse til et totalt sammenbrudd av slike koder, slik tilfellet var i Tyskland etter 1933 med Holocaust som følge.

Slik viten er en forutsetning for å forstå hvorledes minoriteter av ulike typer kan sameksistere på en konstruktiv måte, både seg imellom og i forhold til storsamfunnet. Det legges vekt på balansen mellom hensynene til minoritetenes – spesielt de religiøse minoritetenes – egenart, identitet og frie utfoldelsesmuligheter og til respekten for universelle verdier. Hvilke positive modeller har vi – i fortid og i samtid? Men senteret skal ikke bare utvikle og formidle kunnskap. Det skal også bidra – sammen med beslektede institusjoner i inn- og utland – til holdningsdannende prosjekter, med front mot fordommer, negative stereotyper, utdefineringer etc.

HL-senterets visjon er sentrert rundt etablering og opprettholdelse av siviliserte atferdsnormer og atferdskoder, med idéen om individets ukrenkelighet som bærebjelke. Senteret er basert på en realistisk optimisme, en visjon, men ikke en utopi. Vi streber ikke etter et sivilisatorisk utopia. Det er ikke mulig å realisere, og knapt ønskelig. Utvikling av

Norwegian government. The initiative for this came from Jewish communities in Norway. The Center's founding capital of forty million Norwegian crowns was part of a compensation settlement for the economic expropriation of property belonging to Norway's Jewish minority during World War II.

The Center's activities are grounded in two broad fields of inquiry. The first focuses on the Holocaust and other genocides, racism, anti-Semitism, and other forms of stigmatization. The second area of investigation concerns minorities and religious discrimination. The Center develops knowledge and understanding about these discriminatory belief systems. Moreover, there is a concern with mechanisms and processes that lead to the disintegration of civilized codes of behavior between individuals, groups, and nations, which in certain cases leads to a total collapse of existing social structures. Such was the case in Germany after 1933, with the Holocaust as a consequence.

This knowledge is a precondition for understanding how different types of minorities can co-exist in a constructive manner, both among themselves and in relation to society at large. The Center emphasizes the balance between consideration for minorities – in particular, religious minorities – distinctiveness and identity, and a respect for universal values. What positive models can we find in the past and in the present? The Center will not only develop and disseminate knowledge, but will also in conjunction with similar institutions at home and abroad contribute to opinion-building projects for combating prejudice and negative stereotypes.

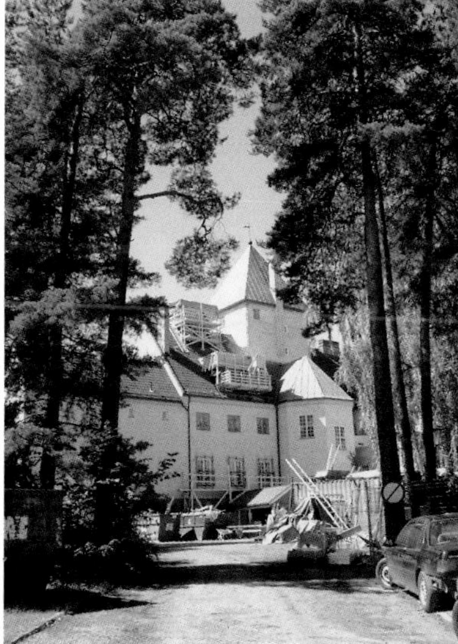

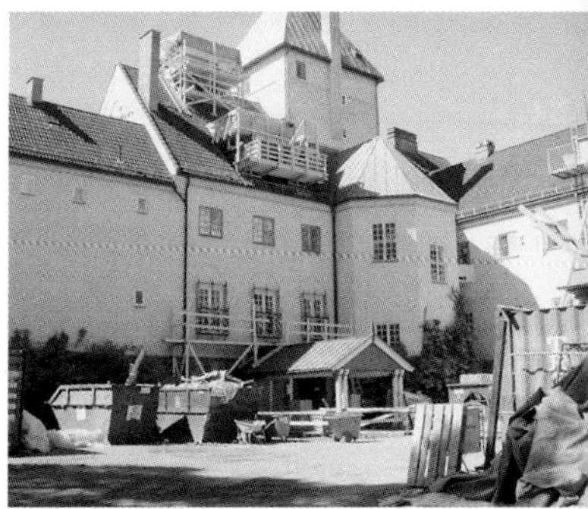

Villa Grande under ombygging / Villa Grande under reconstruction, 2005

sivilisasjonsbefestende normer og atferdskoder har aldri vært rettlinjet, og kommer aldri til å bli det. Utviklingen har tvert imot ofte vært kjennetegnet av stagnasjon, brudd og tilbakefall.

Utstilling og forskning

Den permanente utstillingen er senterets flaggskip. Den har Holocaust og andre folkemord, rasisme og antisemittisme som ramme, og utfolder seg over tre etasjer på til sammen 800 kvadratmeter. Det norske og europeiske Holocaust står i sentrum, men utstillingen er den første av denne type som plasserer folkemordet på de europeiske jødene i sin brede historiske sammenheng – sammen med andre folkemord og massemord – som den sentrale og integrerte del i den mer omfattende nasjonalsosialistiske utryddelsespolitikken. Alle offergrupper får her sin plass: de funksjonshemmede, millioner av sivile sovjetborgere og sovjetiske krigsfanger, de som gjorde motstand på politisk og religiøst grunnlag, homofile, Jehovas Vitner og de hundretusener som ble drept som gisler.

Forskningen er senterets mest dynamiske og innovative felt. Det er her det skal utvinnes ny kunnskap, etableres nye innsikter og eksperimenteres med nye tankefigurer og perspektiver. Senterets forskning vil bli tett integrert i internasjonale nettverk og problemsammenhenger som også vil involvere forsknings-, undervisnings- og dokumentasjonsavdelingene.

Det er en svak tradisjon for erindringsarbeid i Norge. Forenklet og skjematisk kan vi si at innsatsen på dette området sikter mot å gi et bidrag til at

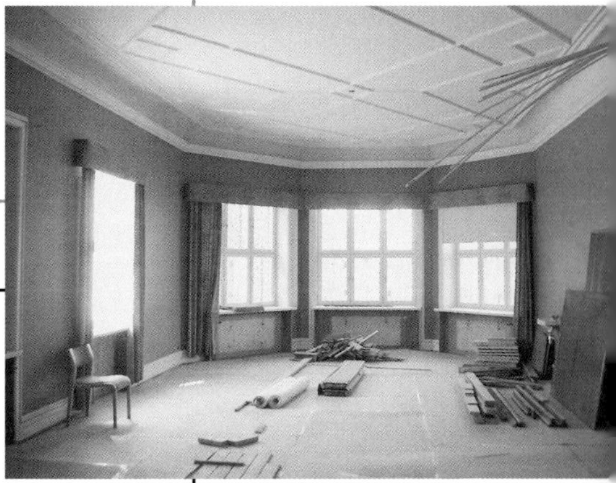

Tidligere «musikkrom» i Villa Grande. Her tok Maria Quisling imot tegjester. Brukt til midlertidige utstillinger. / Former »music room«, Villa Grande. During the Quisling period, Maria Quisling received her visitors for tea here. Used for temporary exhibitions

The Center's vision is focused on the establishment and maintenance of civilized norms and codes of behavior, founded on the principle of the inviolability of the individual. The Center is based upon a realistic optimism, a vision, but by no means a utopian dream. We do not strive for a civilizing utopia; this is impossible to realize and hardly desirable. The furthering of norms and codes of behavior that strengthen civilization has never been a straightforward task, and nor is it likely to become so. Rather, civilizing processes are often characterized by stagnation, crisis, and regression.

Exhibition and Research

The flagship of the Center is its permanent exhibition. The three-floor exhibition space comprises 800 square meters and presents an unfolding narrative of the Holocaust and other genocides, racism, and anti-Semitism. The core of the exhibition focuses on the Holocaust in Norway and Europe, but it is also the first exhibition of its type that places the genocide of European Jews in a broad historical context. This situates the Norwegian Holocaust in relation to other genocides and atrocities, an integrated and central part of a broader National Socialist politics of extermination. All the victim groups have a place in this narrative: the disabled, millions of Soviet civilians and prisoners of war; the gypsies; those who resisted based on political or religious convictions; homosexuals; Jehovah's Witnesses; and the hundreds of thousands murdered as hostages.

samfunnets kollektive erindring er mest mulig virkelighetsnær, og at den i minst mulig grad er preget av myter, fortegninger og tabuisering. Det innebærer at vi må slåss mot de mekanismer som vil trenge ubehagelige, smertefulle og traumatiske forhold i vår nasjonale historie ut av den kollektive erindring. Et sentralt og aktuelt eksempel er de norske, frivillige SS-soldatenes innsats på Østfronten 1941–1945.

Denne innsatsen sikter mot å oppgradere forpliktelsen overfor universelle verdier, med menneskerettighetene i sentrum. Med basis i den rolle som taushet, passivitet og unnfallenhet har spilt i tidligere menneskeskapte katastrofer, har senteret en forpliktelse i å si fra når siviliserte adferdsnormer er truet. Når det finner sted stigmatisering med en farlig tendens, når det skjer fordrivelser, massakrer eller forberedelser til slike handlingsmønstre og tendenser til folkemord, har institusjoner av vår type et helt spesielt og naturlig ansvar for å vise årvåkenhet og å bidra sammen med andre institusjoner til å skape en bred bevissthet om slike farer.

The Center will make its most dynamic and innovative contributions as a scientific research institution. We shall produce new knowledge, establish new insights, and experiment with new perspectives and ways of thinking. The Center's activities will be integrated within international networks and contexts, and will involve governmental research, education and documentation departments.

There is not a tradition for this kind of commemoration in Norway. Simply put, our aim is to contribute to grounding society's collective memory in a reality that is as minimally as possible shaped by myths, distortions, and taboos. This means that we must combat mechanisms that seek to purge disquieting, painful, or traumatic events and episodes from the national historical narrative. A central example of this is Norwegian volunteers who served in the Waffen-SS on the Eastern Front in 1941–1945.

The Center is committed to improving our common responsibilities for universal values based on human rights. Having seen the role that silence, passivity, and compliance have played in previous manmade catastrophes, the Center has a responsibility to protest when civilized norms of behavior are threatened. When stigmatization of a dangerous nature is taking place, or when expulsions, massacres, and preparations that resemble patterns suggesting genocide occur, then institutions like ours have a special and natural obligation to sound an alert and to contribute, along with other institutions, to raising the general consciousness about these dangers.

I hukommelsens indre

Eugen Blume

I siste del av det 20. århundret forandret den elektroniske datamaskinen radikalt alle våre livsbetingelser. Den har satt i gang en prosess som ennå ikke har nådd sitt høydepunkt, og vår vurdering av disse forandringene er derfor tilsvarende usikkert fundert. Innvirkningene på politiske, sosiale, psykomotoriske og kulturelle forhold er så enorme, at vi med rette kan snakke om revolusjonerende prosesser, prosesser hvor alt omdannes. Utviklingen er fortsatt så ung, at det ikke er mulig å ha oversikt over hva den innebærer av kulturelle endringer i hittil gjeldende samfunnsordning. Med datamaskinen er det oppstått et «indre» rom som ser ut til å åndeliggjøre seg som et digitalt maskinrom. Den elektroniske maskinen, som ifølge McLuhan fører oss inn i illuminasjonens tidsalder – «akkurat som lys samtidig er energi og informasjon, forener elektrisk automasjon fremstilling, forbruk og vitenskap i én kompleks prosess»[1] – med sin globale nettstruktur av informasjon kopierer den vårt sentralnervesystem. Selv om oppbygningen av dette nettverket er langt mer primitivt, noe nevrovitenskapene gang på gang beviser, antar den digitale organiseringen av verdenssamfunnet med sine enkelte ledd en lignende rolle. Den styrer alle hovedsakelig økonomisk betingede organisasjonsformer ved hjelp av en etter hvert uoversiktlig, og knapt mer beherskbar, indre mekanisme. En

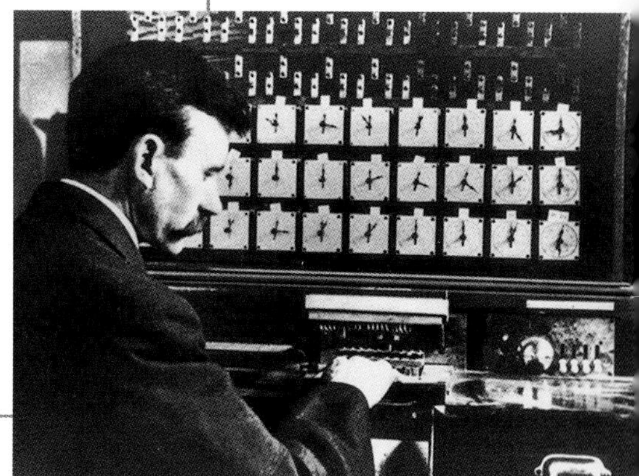

Første elektronisk-mekanisk hullkortmaskin, bygget av Herman Hollerith / First electromechanical punch card machine, built by Herman Hollerith, 1885

In the Interior of Memory

Eugen Blume

The electronic machine, the computer, changed all aspects of life fundamentally in the late 20th century. The processes it set in motion have not yet reached their zenith; our judgment is correspondingly uncertain. The effects on political, social, psychomotoric and cultural conditions are so immense that we can justifiably speak of revolutionary processes, i.e., developments altering everything. The development is too recent to really be able to foresee what additional cultural changes they will bring to existing social arrangements. The computer has created an »interior« space that seems to be sublimating itself as a digital machine room. The electronic machine that Marshall McLuhan maintained would usher in an age of illumination – »just as light is energy and information at the same time, electronic automation unites production, consumption, and science in one complex process«[1] – is like a copy of our central nervous system, with its global networking of information structures. Although its construction is much more primitive, as the neuronal sciences repeatedly prove, the digital organization of world society is taking on a similar role in relation to its individual units. It meanwhile steers all essential economically determined forms of movement from an unsurveyable mechanism that is hardly controllable anymore. A no longer calculable amount of data moves through data networks around the world and is used and freshly supplied in accordance with prevailing interests. The objective goal is apparently to create a

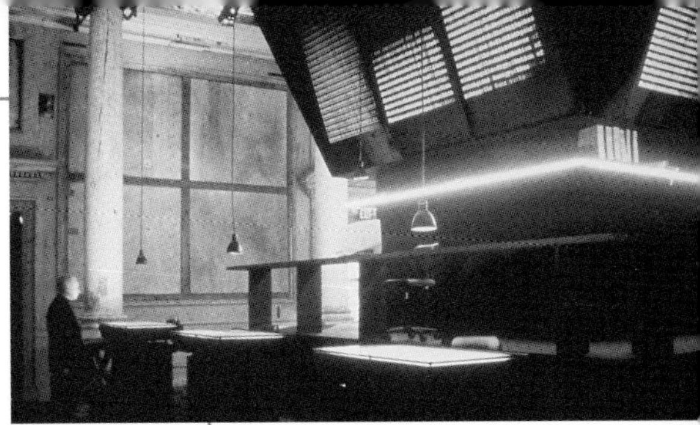

Arnold Dreyblatt,
«The Memory Project», 1998,
Felix Meritis Foundation,
Amsterdam

datamengde som ikke lenger er tellbar, flytter seg i datanett rundt om i verden, og blir, alt etter hva folk interesserer seg for, brukt og videreformidlet. Det objektive målet er åpenbart å skape en universell, menneskelig ekstern hukommelse, som ideelt sett er tilgjengelig for alle, men som i virkeligheten er underkastet alle hittil gjeldende teknikker for hemmeligholdelse og sensur. Den digitale informasjonsteknologien avløser de eldre lagringsmediene. Data som tidligere fantes i form av skrift eller bilder på «primitive» medier som papir eller mikrofilm, konverteres til digitalt format og lagres på enorme harddisker. Også boken synes å miste stadig mer av sin betydning. De tradisjonelle bildemediene film og fotografi, som er digitalt oversatt og lagret som utregnete datamengder, blir gjenstand for forandrende inngripen. De kan ikke bare bli perfekt forfalsket, men også frembringe forhistoriske bilder, fra før det fantes lagringsmedier overhodet, som ser til forveksling «ekte» ut. Disse «realistiske» bildene blir i tiltagende grad del av den allmenne hukommelsen. I en viss forstand kan de kalles «sanne» uten at sannhetsgehalten kan etterprøves.

Arnold Dreyblatt kommer egentlig fra musikken, som komponist har han «beregnet» klangens abstrakte rom, strukturelt er han nær de digitale lagringsmuligheters matematiske grunnlag i sitt kompositoriske arbeid. Som billedkunstner arbeider han med en mulig billedgjøring av hukommelsesprosesser, hvor han tar utgangspunkt i ulike, signifikante former for lagrede datamengder. I de forskjelligste verdensarkiv er det menneskelig liv i alle sine

universal, external human memory ideally available to everyone, though in reality it is subject to all existing techniques of secrecy and censorship. Digital information technology is replacing the old storage media. Data that used to be written or made visible on »primitive« substrates, like paper and microfilm, are being stored digitally on huge hard disks. Even the book appears to be increasingly losing significance. And the conventional image media, film and photography, which are stored digitally and translated as calculated data sets, are subject to a changed access; they cannot only be perfectly counterfeited, but can also create deceptively »real« images that predate the possibility of digital storage. These »realistic« images are more and more part of the general memory. In a certain way, they can be called »true«, even though their truthfulness cannot be investigated.

In his compositional work, Arnold Dreyblatt, who actually comes out of music and who »calculated« the abstract space of sounds, comes structurally close to the mathematical foundations of digital storage possibilities. As a visual artist, he devotes himself to possible depictions of processes of memory. He thereby starts from sets of data stored in various significant forms. In a wide range of world archives, data on all forms of human life are on record. But astonishingly, each of these sheer unbounded sets of data has its own image; there is no »neutral« form. The preservation of data, rather, demands a conscious or usually unconscious decision for a specific form – not only in the sense of its organizational structure, but also in terms of aesthetics. In their materiality, sets of data always have an »aesthetic« form that manifests aspects of content. Dreyblatt uses this given image shape of data to

former for væren fastholdt. Disse rett og slett grenseløse datamengdene har forbløffende nok hvert sitt eget bilde; det finnes ingen «nøytral» form. Oppbevaringen av data krever derimot bevisst, eller for det meste ubevisst, et valg av en bestemt form. Ikke bare det som angår strukturen dataene organiseres i, men også det estetiske aspektet. I sin materialitet har datamengder alltid også en «estetisk» form, hvor innholdsmessige faktorer manifesteres. Dreyblatt benytter den eksisterende bildeformen som dataene har, i et bevisst utformet kunstnerisk-kunstig erindringsrom, for å la dens indre bevegelsesretning – dens «politiske» dimensjon, om man vil – synliggjøres.

I 1998 iscenesatte Arnold Dreyblatt et av sine mest komplekse romlige verk «The Memory Project» i Amsterdam.[2] Det var en fortsettelse av rekke arbeid som behandlet temaet om erindringen i menneskehetens historie. Uavhengig av arkivenes maktunderbyggende instrumentalisering, eksempelvis som samlingspunkt for «hemmelige» data, er de samtidig oppbevaringsplasser for sannhet, og vår eneste mulighet til å igjen gå inn i tapte åndelige (historiske) rom. «Vi spoler og søker så og si både i det lagrede i vår egen bevissthet, i arkivene og «utenverdenens» aktuelle databaser, etter en skjult betydning som kan gi oss en nøkkel til det vi har mistet.»[3] Når vi betrakter data, spiller «imago», vår evne til fantasifullt og intuitivt å spinne videre på fakta, en stor rolle. I sin estetiske form bringer Dreyblatts arbeid nettopp denne forlengelsen til uttrykk, den evnen som bare menneskelige hjernen har, det å kunne «besjele» de rene fakta. Imaginative og intuitive evner er, i sammenheng med konkrete data som basisstoff, mer vidtrekkende, «fantastiske» tankeprosesser. Når Arnold Dreyblatt

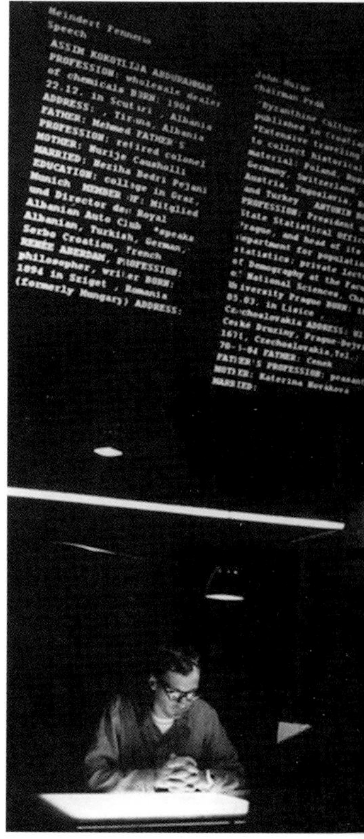

Arnold Dreyblatt,
«The Memory Project», 1998
Felix Meritis Foundation,
Amsterdam

make their inner direction of motion – their »political« dimension, if you will – visible in a consciously designed artistic-artificial space of memory.

In 1998, Arnold Dreyblatt staged one of his most complex spatial works, »The Memory Project«, in Amsterdam.[2] He had previously created a number of works that all addressed the topic of what can be remembered in the history of humankind. Independently from the power-stabilizing instrumentalization of archives, for example as collecting sites for »secret« data, they are simultaneously the storage space for truth and the only possibility of re-entering lost mental (historical) spaces. »We search through, so to speak, the storage of our own consciousness as well as the archives and current data banks of an ›external‹ world for a hidden meaning that could provide us a key to what we have lost.«[3] The imago – our ability to imaginatively and intuitively extrapolate from facts – plays a large role in the perception of data. What Dreyblatt's works pronounce in their aesthetic design is precisely this extension into the capacity, given only to the human brain, of »giving life« to pure facts. Together with concrete data, imaginative and intuitive abilities are the raw materials for far-reaching, »fantastic« thought processes. When Arnold Dreyblatt involves data as »acting« figurations in the visual representation of data via performative stagings, for example in readings, this space opens up into complex, synaesthetically structured fields of memory. They create an image of the procedure of memory as a process going far beyond the reduction carried out in data. They take the archive material as a starting point, to go beyond the abbreviation that is a necessary condition of archives' inherent economy. In his works, Arnold Dreyblatt adds to this abbreviation

gjennom performative iscenesettelser trekker inn den billedlige fremstillingen av data, data som «handlende» konfigurasjoner, eksempelvis i opplesninger, åpner dette rommet seg i komplekse, synestetisk strukturerte hukommelsesfelt. Iscenesettelsene billedgjør hukommelsesforløpet som en prosess langt ut over informasjonsreduksjonen i dataene. De tar utgangspunkt i arkivmaterialet for å nå ut over den forkortelsen som betinger arkivene og den økonomien som nødvendigvis kjennetegner dem. Denne forkortelsen og uttørkingen av komplekse livssammenhenger tilføyer Arnold Dreyblatt i sine verk et erfaringsrom, som bringer inn en sanselig utvidelse av faktaene, som gjør det mulig å oppleve erindringens allmenne «vold» på en inntrykksfull måte.

I den versjonen av «The ReCollection Mechanism» som ble vist 1999/2000 i anledning av Nasjonalgalleriet i Berlins hundreårsutstilling, bygde han en «erindringens hule».[4] Huleformen minner om en hodeskalles rom, som vi organisk oppfatter som et mørkt innerom, hvor hukommelsen «projiserer» inn sine lysbilder. Rommet Dreyblatt skisserte var komplekst, for å i det hele tatt å kunne gi et bilde på hukommelsens rom, så langt det var mulig en realistisk forestillingsevne. Gjennom sammenføyning av midlene i denne intermediale komposisjonen klarte Dreyblatt på fremragende vis å gi hukommelsens organiske indre en form man kunne tre inn i. Det mørke rommet stengte alle narrative tillegg ute, det som konstituerer dets enkle arktitektoniske beskaffenhet, dets endelighet. Derimot ble det suggerert en uendelighet som strakte seg ut over enhver forestillbar datamengde. Den labyrintaktige romsammensetningen utgjorde en metafor for et hukommelsens sted som egentlig ikke

Arnold Dreyblatt, «The ReCollection Mechanism», 1998, Hamburger Bahnhof Museum für Gegenwart, Berlin

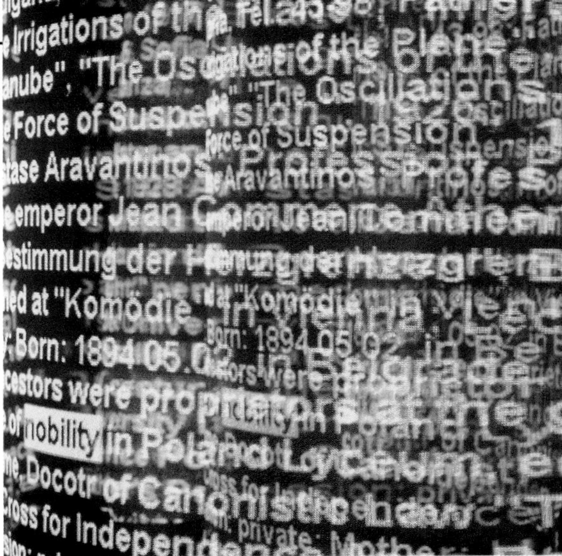

and desiccation of complex living contexts a space of experience that sensually expands the facts and makes the omnipresent »violence« of memory impressively experiencable.

In the version of the »The ReCollection Mechanism« shown at the National Gallery's grand exhibition at the turn of the century, from 1999 to 2000, Dreyblatt built something like a »cave of memory«.[4] The cave form recalls the space of the skull, which we experience organically as a dark interior space into which memory »projects« its light images. In order to give the space of memory a space at all, Dreyblatt designed a space whose complexity simulates a realistic imaginative capacity as far as possible. In the summation of the means of this inter-media composition, he outstandingly succeeded in creating a traversable shape for the organic interior of memory. The dark room masks out all narrative additions, including the simple architectural quality that constitutes its finiteness. Instead, it was suggestive of an infinity going beyond every imaginable set of data. The labyrinthine network of rooms creates a metaphor for the site of memory, which fundamentally cannot be experienced. The space shaped in this way also focuses on the question of the interplay of memory factors, the question of the functions of thinking in and of itself. Where lies the inner drive to create an externalized memory, and what triggers a search for the objectified facts that archive structures order only thematically? To answer this question, Dreyblatt's memory environment consciously

lar seg erfare. Rommet tematiserte også spørsmålet om samspillet mellom hukommelsesfaktorer, spørsmålet om tenkningens funksjoner i det hele tatt. Hvor kommer den indre drivkraften til å skape en ekstern hukommelse fra, og hva er det som utløser en leting etter objektiverte fakta som kun er ordnet tematisk i arkivstrukturer? For å besvare disse spørsmålene konfronterer Dreyblatt i sine hukommelsesmiljøer betrakteren bevisst med det innsamledes historiske form. Projiserte mikrofilmdata i «The ReCollection Mechanism» ga innblikk i den estetiske kvaliteten til disse «dokumentarfilmene», gjennom komplisert projeksjon ble de utvidet til en gjennomskinnelig plastisk form i hovedrommet, i kapitlet «ReCollection». Denne tredimensjonaliteten, som gjennom klang fra markerte og innspilte ord, førte betrakteren inn i hukommelsesprosessenes ikke-erfarbarhet, simulerte samtidig betrakterens ikke-viten. Ikke-synlige, computeranimerte styringsmekanismer markerte et av ordene på projeksjonsflaten som var en søyle av gjennomsiktig gas, og lot et opptak av samme ord bli sagt inn i rommet. Lesbarheten til dette ene ordet, som tilsynelatende uten logikk var trukket ut blant mange, åpnet et plan som pekte ut over all logikk, men som likevel ble logisk erfarbart gjennom sin manifestasjon.

Den projiserte datamengden fulgte et i seg selv strukturert og logisk oppbygd oppslagsverk, «Who's Who in Central and East Europe»[5] fra 1933, som Dreyblatt var kommet over i et antikvariat i Istanbul i 1985. Denne fortegnelsen ble allerede gjennom utgivelsesåret til et eksplosivt dokument over en hendelse som ligger forut for dens «andre» hukommelse. Mens den i 1933 minte om de viktige personene innen samfunnets vitenskapelige og politiske

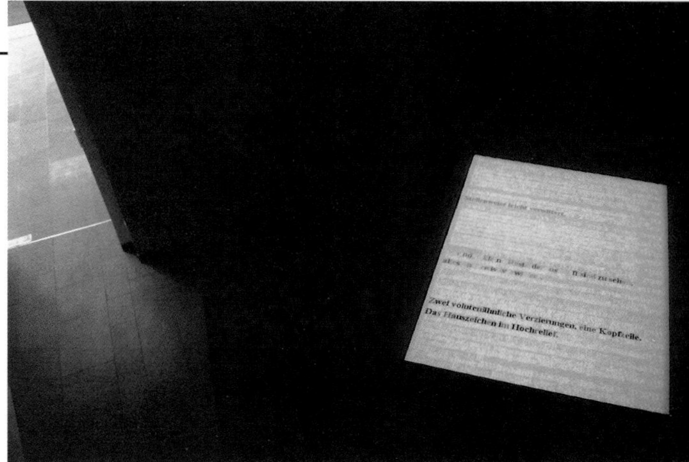

Arnold Dreyblatt, «Missing Letters», 2005, Jüdisches Museum, Frankfurt

confronts the viewer with the historical form of the collected. In »The ReCollection Mechanism«, projected microfilm data provided a glimpse into the aesthetic quality of these »documentary films«, which, in the section »ReCollection« in the main room, were expanded to a translucent, plastic form in a complicated form of projection. This three-dimensionality, extended into sound by the marked and recorded word, led the viewer into the non-experiencability of processes of memory, as if simulating this not-knowing. Hidden, computer-supported control mechanisms marked one of the words on the gauze pillar that was used as a projection surface and spoke it out from tape into the room. The legibility of this one word, often marked without any recognizable logic, opened up a level pointing beyond every logic that nonetheless became experiencable as logical at the moment of its occurrence.

The projected set of data was taken from a structured, logically organized reference work, the »Who's Who in Central and East Europe«[5] of 1933, a copy of which Dreyblatt found in a used book store in Istanbul in 1985. The date of publication alone already makes this reference work an explosive document of an event even before its »second« memory. If in 1933 it was a reminder of important persons in the successful economic and political progressions of society, in 1985 – and actually already in 1945 – it was a book recollecting outstanding persons

fremskritt, var den i 1985, eller egentlig allerede i 1945, en erindringsbok om fremstående mennesker som var falt som offer for et av de mest ufattelige folkemord i historien, nasjonalsosialismens utryddelse av jødene. Dette folkemordet som først rammet jødene, var, som vi i dag vet, det første steget i en «raserensing» som skulle etterfølges av allerede planlagte utryddelser av andre «mindreverdige», for det meste slaviske «raser». Dersom Tyskland var gått seirende ut av krigen, ville den slaviske intelligentsiaen, som denne «Who's Who» er en katalog over, likeledes blitt slaktet. For Dreyblatt ble denne boken i sin traumatiske dimensjon til en indre drivkraft for egne problemstillinger. I lyssøylen i «ReCollection» lot han 10.000 av de til dels voldelig avbrutte biografiene skinne igjen. Her er all form for hierarki erstattet av et aleatorisk prinsipp, alle livsløp er like viktige. Den trappeaktige sitteanordningen rundt projeksjonsflaten, som kunne ses fra alle sider, antok karakter av et teater, av et vitenskapelig auditorium. Spørsmålet om den selektive tilstedeværelsen i historien som både kommer til syne i «Who's Who» som samfunnsmessig anerkjennelse, og i den senere rasistiske utplukkingen som samfunnsmessig og personlig tilintetgjørelse, ble i dette teatret iscenesatt som et grunnleggende spørsmål.

Ut over selve erindringen fører den forstående forskrekkelse til spørsmålet om eksistensens risikoer, som er samfunnsbetingede, og dermed subjektivt ikke lar seg forhindre. Med hensyn til estetiseringen av erindringen, tvinger det seg også frem et annet spørsmål, som diskuteres i memorialkunsten: Hvilken rolle, eller snarere kvalitet, har en slik oppdragskunst med

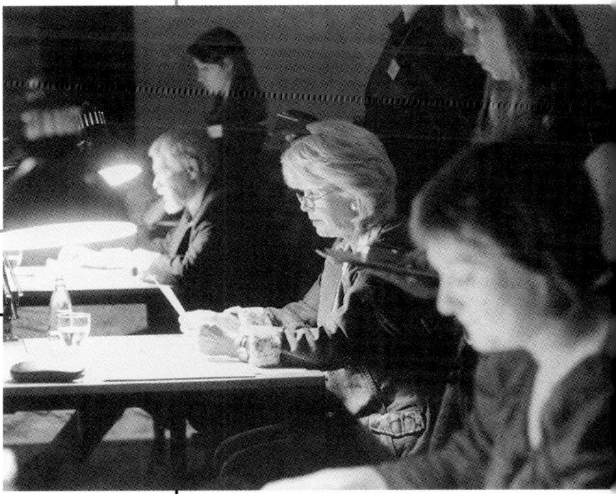

who had fallen victim to one of the most incomprehensible genocides in history – the extermination of the Jews ordered by National Socialism. This genocide, carried out first on the Jews, was, as we now know, intended merely as the first step of a »racial purification« plan to annihilate additional »inferior«, mostly Slavic »races«. If the war had ended in victory for Germany, the ranks of the Slavic intelligentsia listed in the »Who's Who« would also have been exterminated. Dreyblatt, who took this book's traumatic dimension as motivation for his questions, brings 10,000 of these biographies, many of which ended early by violence, to reappearance in the light columns of »ReCollection«. He rules out any form of hierarchy by employing an aleatoric principle; all these life histories are equally important. The staircase-like ensemble of seats, built around the projection surface, which can be viewed from all sides, took the form of a theater or academic auditorium. The question of selective being in history, depicted in the »Who's Who« as societal honor and later as racial »selection« for societal and personal destruction, was staged as a fundamental question in this theater.

Beyond memory, comprehending horror leads to the question of the societal, subjectively unavoidable risks of existence. On the other hand, in relation to the aestheticization of memory, a question also arises that is discussed in relation to memorial art: the role or rather quality of art commissioned to serve such representative, political goals. In his own way, Dreyblatt carries on a highly complex discourse that always extends into the center of precisely this question. But his interest here is not in the helplessness of more or less apt conventional

Arnold Dreyblatt,
«Reading Performance», 2005,
Jüdisches Museum, Frankfurt

sine representative, politiske mål? Dreyblatt fører på sin måte en svært kompleks diskurs, som stadig griper rett inn i sentrum av også denne problemstillingen. Han beskjeftiger seg ikke bare med hjelpeløsheten til mer eller mindre vellykkede konvensjonelle metaforer i samtidens minnesmerkekunst, men også med det generelle spørsmålet om hvordan vi kan stanse glemselen, hvordan det overhodet kan gagne å tre inn i erindringens rom. Det materielle spørsmålet om erindringen, det vil si dens lagringsmedier, er i denne sammenheng et vesentlig spørsmål, som i verkene hans blant annet manifesterer seg i «artificial memory». Der blir det skremmende tydelig at våre sterkt begrensede erkjennelsesevner, blant annet hva iakttagelsen av virkeligheten som omgir oss angår, og som vi i utilstrekkelig grad bare kjenner omtrent én prosent av, også gjelder for våre egne historiske prosesser som på alle måter finnes tilgjengelige for en ansvarlig lagring. Den totale forsvinningen av levde biografier og samfunnsprosesser, komplekse kulturer som for eksempel den 12 000 år gamle høykulturen i Göbekli Tepe[6] i det sørøstlige hjørnet av Tyrkia, som først ble oppdaget og delvis utgravd på midten av 90-tallet, henviser til store, hvite flekker i den menneskelige erindringskultur. Disse oppdagelsene av lagringsmediet stein, stein med tegn som ikke lenger er lesbare, setter produktive spørsmålstegn ved vår oppfatning av historien og menneskehetens utvikling, og ved vår lineære, kronologiske tenkning om historien.

Arnold Dreyblatt interesserer seg for alle dataoverføringens veier og varianter som en form for hukommelsesprosesser. «T-mail», et arbeid han oppførte som en del av en installasjon på Hamburger Bahnhof 1999/2000 i Berlin, tematiserte biografien til en muligvis «artificial

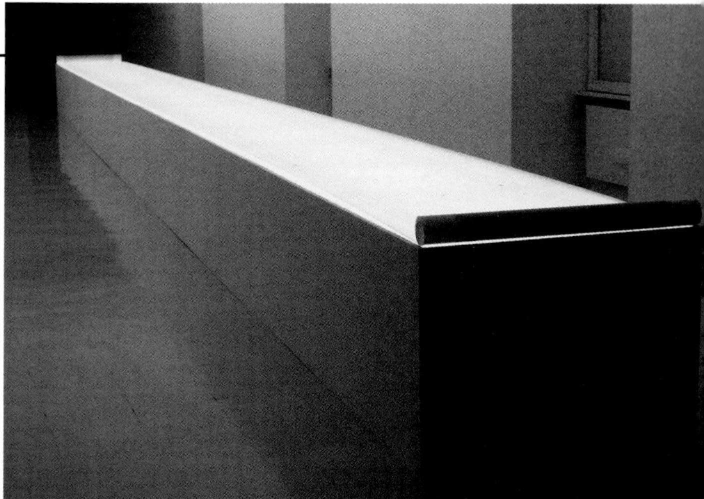

Arnold Dreyblatt, «Artificial Memory», 1999, Stadtgalerie Saarbrücken

metaphors of contemporary monument art; rather, he asks the general question of how we can forestall forgetting, how we can beneficially enter the space of memory at all. The material question of recollection – i.e., its storage media – is thereby a crucial question that formulates itself in his works, for example in »artificial memory«. This makes clear in a downright frightening way that our highly limited abilities to know, for example our perception of the reality surrounding us (of which we recognize only about one percent at all, and that only inadequately), is also true of historical processes that can be accessed by means of responsible storage. The complete disappearance of lived biographies, societal processes, and complex cultures – like the 12,000-year-old high culture in Göbekli Tepe[6] in southeastern Turkey, which was not discovered and partially excavated until the mid-1990s – points to broad expanses of uncharted territory within the culture of memory. These discoveries of stone storage media with no longer legible signs pose productive questions for our ideas of the history and development of humankind, but also for our linear, chronological way of thinking about history.

Arnold Dreyblatt is interested in all methods and forms of transmitting data as a form of memory processes. His »T-Mail« work, which he performed as part of the installation in

person», en kunstig skapt person, en internasjonal spion som angivelig døde i Shanghai i 1943. I denne personen, som vi kjenner gjennom data, men ikke gjennom «virkelige» belegg, forener det seg gjennom observasjonsdataene, og deres tvilsomme sannhetsgehalt, fakta som konstruerer en biografi, uten å dokumentere en sann livshistorie. Dreyblatts utforskning av denne internasjonale, hemmelige agenten bygger på tusenvis av dokumenter fra etterretningsarkiver. Gjennom dette eksempelet på en person som undersøkes inn til den minste detalj, hvis eksistens underbygges med store mengder data, og som selv i sitt yrke som «secret person» viet seg til å tilsløre sine egne livsdata, kommer det tydelig frem hvordan subjektive interesser, politiske restriksjoner, påvirkninger osv. er med på å forvrenge og/eller forfalske tilsynelatende objektive fakta. Språket er alltid transportmidlet for faktiske erindringsbilder. Det er reelt sett like nøytralt som informasjonen det transporterer. Det er først tolkningen, tydningen og koblingen av sammenhenger, som gir det en meningsfull sammenheng.

Walter Benjamin har analysert forholdet mellom språk og erindring. «Språket har entydig latt det forstå at hukommelsen ikke er et instrument for utforskning av fortiden, men snarere mediet. Det er det opplevdes medium, slik jordsmonnet er mediet de gamle byene ligger begravet i. [...] Dermed må sannferdige erindringer i langt mindre grad gå fortellende frem enn de må betegne nøyaktig det stedet der forskeren fikk fatt i dem. I strengeste forstand, episk og rapsodisk, må derfor virkelig erindring samtidig gi et bilde av den som minnes, på samme måte som en god arkeologisk rapport ikke bare må oppgi hvilke lag

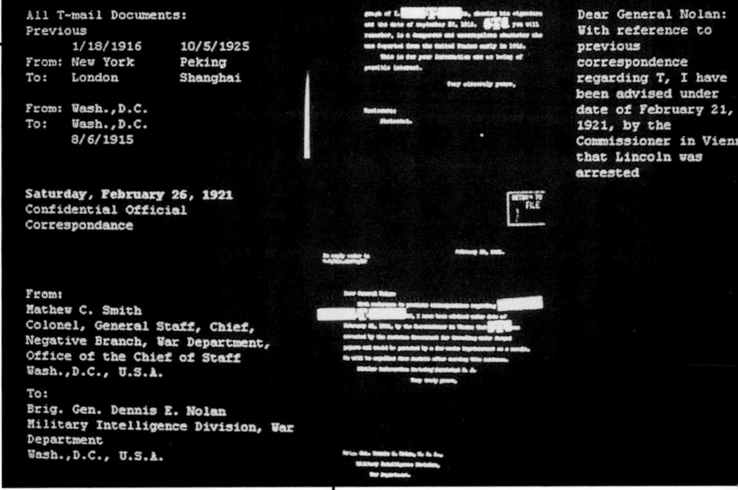

Arnold Dreyblatt, «T-Mail», 1999, Stadtgalerie Saarbrücken

the Hamburger Bahnhof in Berlin in 1999 – 2000, took as its theme the biography of a possible »artificial person«, an internationally active spy who supposedly died in Shanghai in 1943. In this person, known through data but not through »real« evidence, observation data and their questionable truthfulness bring together facts constructing a biography, but do not document the true life history. Dreyblatt's research of this international secret personality is based on thousands of documents from secret intelligence agency archives. This example of an excessively researched person who is evidenced with data and who, as a »secret person«, devoted himself professionally to obscuring the data of his own life, underscores how subjective interests, political restrictions and influences, etc. subject seemingly objective facts to a heavy impact or falsification. Language is always the means of transporting factual memory images. It is as factually neutral as the information it transports. Their interpretation, their extrapolation, and the discovery of their circumstances are what first give them a meaningful context.

Walter Benjamin analyzed the relationship between language and recollection. »Language has unmistakably made plain that memory is not an instrument for exploring the past, but rather a medium. It is the medium of that which is experienced, just as the earth is the

funngjenstandene stammer fra, men fremfor alt også hvilke lag man måtte trenge gjennom for å komme dit.»[7]

1 Marshall McLuhan, **Die Magischen Kanäle**, Dresden / Basel 1994, s. 527.
2 Arnold Dreyblatt, **The Memory Project, 1998**; Felix Meritis Foundation, Amsterdam.
3 Arnold Dreyblatt, **The Spaces of Memory**, i: Kursiv, Kunstzeitschrift aus Österreich, nr. 2–4, 1995, s. 7.
4 Claudia Banz, **Montage des Erinnerns: Clemens Weiss, Hanne Darboven, Christian Boltanski, Joseph Kossuth, Arnold Dreyblatt**, i: das xx. jahrhundert, ein jahrhundert kunst in deutschland, utst.kat. Nationalgalerie Berlin 1999, s. 585–589.
5 Arnold Dreyblatt, **Who's Who in Central and East Europe 1933. Eine Reise in den Text**, Berlin 1995.
6 Se Klaus Schmidt, **Sie bauten die ersten Tempel**, Berlin 2006.
7 Walter Benjamin, **Ausgraben und Erinnern, i: Allegorien kultureller Erfahrung. Ausgewählte Schriften 1920–1940**, Leipzig 1984, s. 78 f.

medium in which ancient cities lie buried. [...] In this sense, for authentic memories, it is far less important that the investigator report on them than that he mark, quite precisely, the site where he gained possession of them. Epic and rhapsodic in the strictest sense, genuine memory must therefore yield an image of the person who remembers, in the same way a good archaeological report not only informs us about the strata from which its findings originate, but also gives an account of the strata which first had to be broken through.«[7]

1 Marshall McLuhan, **Die Magischen Kanäle**, Dresden / Basel 1994, p. 527.
2 Arnold Dreyblatt, **The Memory Project, 1998**; Felix Meritis Foundation, Amsterdam.
3 Arnold Dreyblatt, **The Spaces of Memory**, in: Kursiv, Kunstzeitschrift aus Österreich, issue 2–4, 1995, p. 7.
4 Claudia Banz, **Montage des Erinnerns: Clemens Weiss, Hanne Darboven, Christian Boltanski, Joseph Kossuth, Arnold Dreyblatt**, in: das xx. jahrhundert, ein jahrhundert kunst in deutschland, exhibition catalog, National Gallery Berlin 1999, pp. 585–589.
5 Arnold Dreyblatt, **Who's Who in Central and East Europe 1933. Eine Reise in den Text**, Berlin 1995.
6 Cf. Klaus Schmidt, **Sie bauten die ersten Tempel**, Berlin 2006.
7 Walter Benjamin, **Excavation and Memory, in: Selected Writings Vol. 2 1927–1934**, Cambridge, MA. 1999, p. 576.

Uskyldige Spørsmål

Arnold Dreyblatt

«[...] in order to apply group violence to the neighbor as belonging to a category, the concrete individual's face has to be erased: the person must become an abstraction.»
Zygmunt Bauman[1]

Da jeg skulle utvikle et konsept for kunstnerisk intervensjon Villa Grande, ønsket jeg ikke å la meg begrense av de spesielle historiske omstendighetene som knytter seg til stedet.[2] Jeg valgte heller å la bruken av spørreskjemaer i folkeregistrering utgjøre det definerende elementet som tematisk forbinder Holocaust i Norge med andre folkemord i det tjuende århundret og med den offentlige politikken overfor innvandrere og andre minoriteter i dagens samfunn.

Etableringen av folkeregistreringssystemer for å samle informasjon og analysematerial, er i hovedsak en oppfinnelse knyttet til den moderne staten, og i mange tilfeller akselererte den ved nyttegjørelsen av datateknologiens av «hullkort» som ble utviklet sent på 1800-tallet. I løpet av 1900-tallet ble slike kontrollmekanismer brukt til å identifisere, ekskludere, isolere og i noen tilfeller tilintetgjøre såkalte «utsatte befolkningsgrupper».[3] Spørreundersøkelser fungerer fortsatt som et møtepunkt mellom individ og stat, spesielt når det gjelder

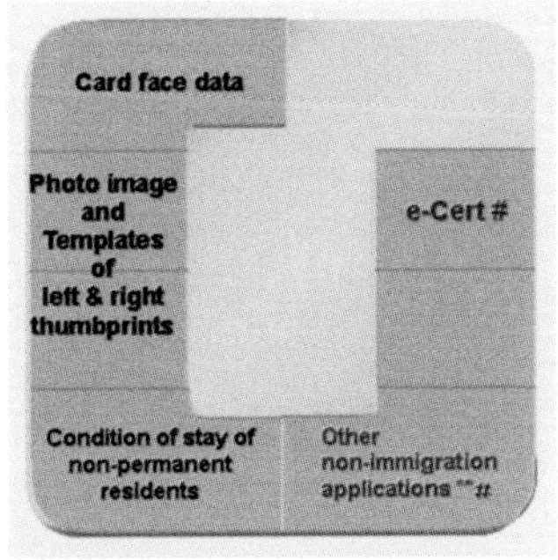

I 2003 begynte immigrasjonskontoret i Hong Kong utstedelsen av en ny generasjon av «smarte» identitetskort. / In 2003, the Immigration Department, Hong Kong Special Administrative Region of the People's Repubic of China began issuing a new generation of identity cards in the form of smart cards.

Innocent Questions

Arnold Dreyblatt

»[...] in order to apply group violence to the neighbor as belonging to a category, the concrete individual's face has to be erased: the person must become an abstraction.«
Zygmunt Bauman[1]

In developing a concept for an artistic intervention for the Villa Grande I preferred not be limited by the particular historical circumstances associated with this site.[2] I have chosen rather to focus on the use of the »personal questionnaire« in population registration systems as the defining element that thematically connects the Holocaust in Norway with other genocides of the twentieth century and with the administration of foreigners and other minorities in contemporary society.

The creation of population registration systems for information gathering and analysis is largely an innovation of the modern state, accelerated in many cases with the aid of data technology first developed as »punch cards« in the late 19th century. During the 20th century, it was often these control mechanisms that were used to identify, exclude, isolate and in some cases to annihilate so-called »vulnerable populations.«[3] The personal questionnaire has continued to function as the ›interface‹ between the individual and the state, especially

identifikasjon av innvandrere og minoriteter. Rådata blir samlet inn for automatisk indeksering og klassifisering og annen statistisk analyse, og befolkningsstatistikere arbeider ofte for styresmakter og diktatorer på denne måten.

Innsamling av personlig informasjon gjennom spørreundersøkelser og identitetskort indikerer ikke nødvendigvis at styresmaktene kommer til å bryte menneskerettighetene, men gruppeklassifisering basert på minoritet, språk, etnisk eller religiøs status, gjør det ofte enklere for regjeringer og myndigheter å isolere gruppene for deretter å foreta handlinger vi nå kaller etnisk rensning. I det minste resulterer fordommer og frykt for «den andere» en stigmatisering av individer, ved kryssing av en grense eller i et lands behandling av en religiøs eller etnisk minoritet. Ironisk nok kommer kvantitative data hentet fra folkeregistre ofte til nytte når historikere og menneskerettighetsarbeidere i ettertid skal rekonstruere overgrep som har foregått.

Vi utveksler alle personlig informasjon i den offentlige og kommersielle sfæren. I løpet av denne interaksjonen brukes det ofte skjemaer der man må skrive inn data. Resultatet av dette finnes overalt: identitetskort, kredittkort, søknadsskjemaer, osv. Vi vet alle at informasjonen vi gir fra oss senere blir talt, sortert og analysert – men vi har bare delvis innsyn i hvilke konsekvenser dette har for våre personlige og profesjonelle identiteter.

I mitt konsept for en permanent installasjon i Villa Grande er en liste med «uskyldige spørsmål» – hentet fra historiske og samtidige kilder som representerer en sammensetning av kollektive spørreskjema – kontrastert med et bilde av et historisk «hullkort». Samlet gir

in the identification of immigrants and minorities. This raw data is collected for automated indexing, classification and further statistical analysis. Demographic statisticians have often collaborated with ruling powers and dictatorships in this regard.

While the collection of personal information on questionnaires and identification cards does not necessarily indicate that a government will engage in human rights violations, a group classification according to minority, linguistic, ethnic or religious status often makes it more possible for governments and authorities to isolate and then carry out activities which are currently called ethnic cleansing. At the very least, prejudice and fear of the ›other‹ may result in the stigmatizing of the individual, whether upon crossing a frontier, or as a religious or ethnic minority within a country. Ironically, quantitative data derived from population registration is often of later use to historians and human rights workers in reconstructing abuses that have taken place.

All of us are engaged in an exchange of private information within the public and commercial sphere. In the course of this interaction, there is usually a questionnaire into which the data is entered. The results of these questionnaires are all around us: identity cards, credit cards, applications, etc. We all know that the data demanded of us is later counted, sorted and analyzed. However, the effect on our private and professional identities is only partially transparent.

Bakre LED-paneler, før montering av glass / Rear LED Panels, before glass mounting, «Innocent Questions», Villa Grande, 2006 (detalj / detail)

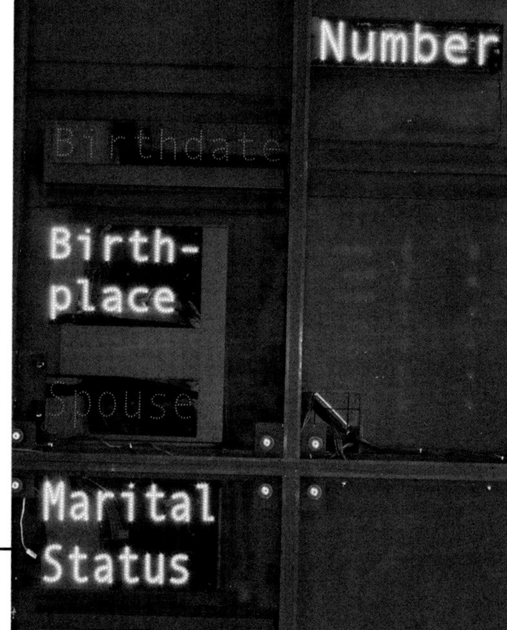

de uttrykk for politiske myndigheters innsamling, arkivering og bruk av personlige data til administrativ og ofte tvilsomme bruk. Gjennom kombinasjon av tilsynelatende «uskyldige spørsmål» og et bilde hentet fra automatisk datainnsamling, er håpet at besøkende vil reflektere over historiske og teknologiske stigmatiseringsmekanismer, uavhengig av hvilken kontekst de opptrer i.

Beskrivelse av «Uskyldige Spørsmål»

Vintersnøen og den drastiske oppkjørselen opp bakken til utstillingsstedet krever en vertikal installasjon som transformerer den bydende og groteske bygningsfasaden. Da Villa Grande ble renovert, gjorde brann- og sikkerhetsforskrifter at det ble reist et nytt, utvendig trappehus til venstre for hovedinngangen. Jeg så at dette kunne passe godt som fysisk støttestruktur for installasjonen «Uskyldige Spørsmål».

En rekke av tolv panelbokser er festet til konstruksjonen, fastspent i en stålramme. Panelene er designet slik at de leses som en sømløs flate på 8,33 x 4,07 m. og i tre tydelige lag:

Ikke-reflekterende bilde: En rekonstruksjon av et historisk «hullkort»[4] er sandblåst inn i overflaten på det ytterste glasslaget i hvert panel. Dette representerer reduksjonen av enkeltindividet til tall og kategorier. Bildet

In my concept for a permanent installation at the site, a list of »innocent questions«, derived from historical and contemporary sources and representing a composite collective questionnaire, is contrasted with the image of a historical »punch card«. Together, this is a representation of the collection, archiving and application of personal data by political systems for administrative and often questionable use. It is my hope that by the association of these seemingly »innocent questions« within the image of automated data collection, the public might reflect on the historical and technological mechanisms of stigmatization, in whatever context they may occur.

Description of »Innocent Questions«

The winter snow and the dramatic approach up the hill to the site call for a vertical installation as a transformation of the imposing and grotesque historical building facade. In renovating and reconstructing the Villa Grande, fire and safety regulations required an external stairwell to be fixed on the facade to the left of the main entrance. I proposed to utilize the structure of the stairwell in order to physically support the installation of »Innocent Questions«.

Attached to the structure of the stairwell is an array of twelve panel-boxes, mounted within a steel frame. These panels are designed to form one unified image (size: 8330 x 4070 cm.), which is perceived in three distinct optical layers:

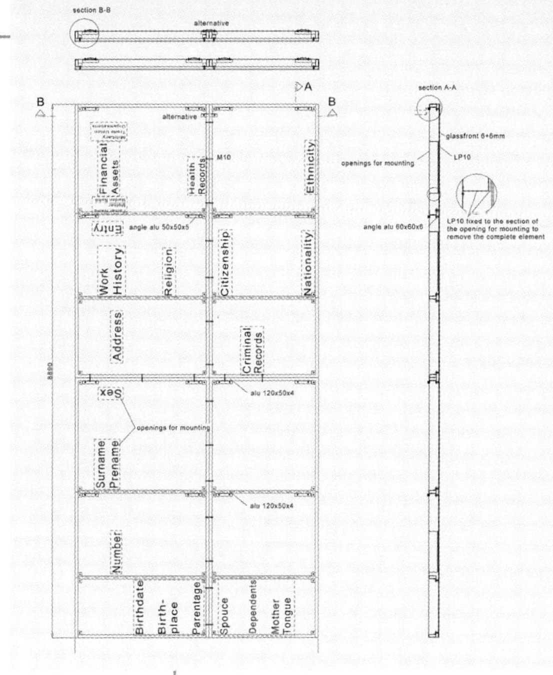

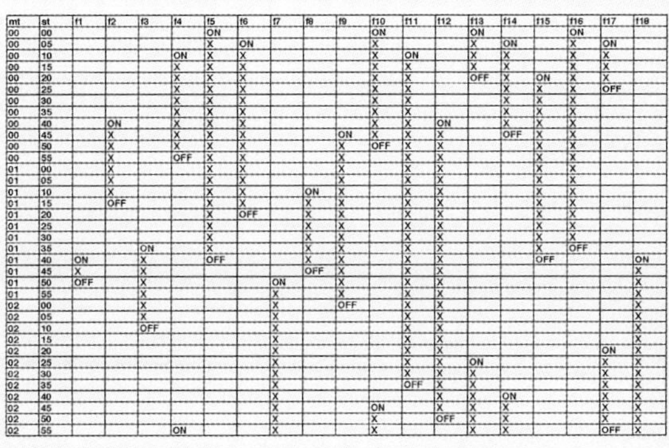

mt	st	f1	f2	f3	f4	f5	f6	f7	f8	f9	f10	f11	f12	f13	f14	f15	f16	f17	f18
00	00					ON					ON			ON			ON		
00	05					X	ON				X			X	ON		X	ON	
00	10				ON	X	X				X	ON		X	X		X	X	
00	15				X	X	X				X	X		X	X		X	X	
00	20				X	X	X				X	X		OFF	X	ON	X	X	
00	25				X	X	X				X	X			X	X	X	OFF	
00	30				X	X	X				X	X			X	X	X		
00	35				X	X	X				X	X			X	X	X		
00	40		ON		X	X	X				X	X	ON		X	X	X		
00	45		X		X	X	X			ON	X	X	X		OFF	X	X		
00	50		X		X	X	X			X	OFF	X	X			X	X		
00	55		X		OFF	X	X			X		X	X			X	X		
01	00		X			X	X			X		X	X			X	X		
01	05		X			X	X			X		X	X			X	X		
01	10		X			X	X		ON	X		X	X			X	X		
01	15		OFF			X	X		X	X		X	X			X	X		
01	20					X	OFF		X	X		X	X			X	X		
01	25					X			X	X		X	X			X	X		
01	30					X			X	X		X	X			X	X		
01	35			ON		X			X	X		X	X			X	OFF		
01	40	ON		X		OFF			X	X		X	X			OFF			ON
01	45	X		X					OFF	X		X	X						X
01	50	OFF		X				ON		X		X	X						X
01	55			X				X		X		X	X						X
02	00			X				X		OFF		X	X						X
02	05			X				X				X	X						X
02	10			OFF				X				X	X						X
02	15							X				X	X						X
02	20							X				X	X					ON	X
02	25							X				X	X	ON				X	X
02	30							X				X	X	X				X	X
02	35							X				OFF	X	X				X	X
02	40							X					X	X	ON			X	X
02	45							X			ON		X	X	X			X	X
02	50							X			X		OFF	X	X			X	X
02	55				ON			X			X			X	X			OFF	X

Teknisk tegning, fra baksiden / Technical Drawing, showing Rear Construction, «Innocent Questions», 2006

«Tidsskjema for LED-paneler». 24 ord og uttrykk gjentar seg hvert 90. minutt, med en forsvinningstid på 5 sekunder. / »Timing Schedule, LED panels«. The 24 words and phrases are programmed in a 90 minute loop, with a resolution of 5 seconds.

er ikke-reflekterende og står i kontrast til den reflekterende overflaten i som finnes i laget under.

Speilet miljø: Installasjonen fungerer som en speilvegg, som reflekterer det naturlige miljøet, trærne, skyene og de besøkende. Den historiske bygningens fasade er dermed både åpnet og delvis utvisket.

Tekster i lys: På baksiden av hvert panel i hullkortbildet er ord og uttrykk skrevet med fastmonterte, røde lysdioder. Tekstinnholdet er hentet fra historiske og nåtidige skjemaer hvor det bes om personlig informasjon.

Installasjonen er tett på baksiden, og den røde lysdioteksten fremtrer som et overjordisk bilde, svevende i speilet. Kun den opplyste LED-teksten ses gjennom speilglasset, som ellers bare reflekterer miljøet rundt.

Ord og uttrykk kommer til syne og forsvinner i det virtuelle hullkortbildet, i en langsom og tilfeldig generert komposisjon. Ettersom de opplyste ordene og uttrykkende fra spørreskjemaene veksler hele tiden, oppstår nye kombinasjoner av ord og uttrykk, og de fremkaller uventede assosiasjoner mens man betrakter installasjonen.

I dagslys reflekterer speilglasset trær og skyer. De ulike lagene av informasjon (ikke-reflekterende bilde, speilet miljø og lystekst) er klart synlige. Når det er mørkt, belyser kunstig lys nedenfra den ikke-reflekterende sandblåste overflaten på det ytre glasslaget, som man ellers knapt ville fått øye på.

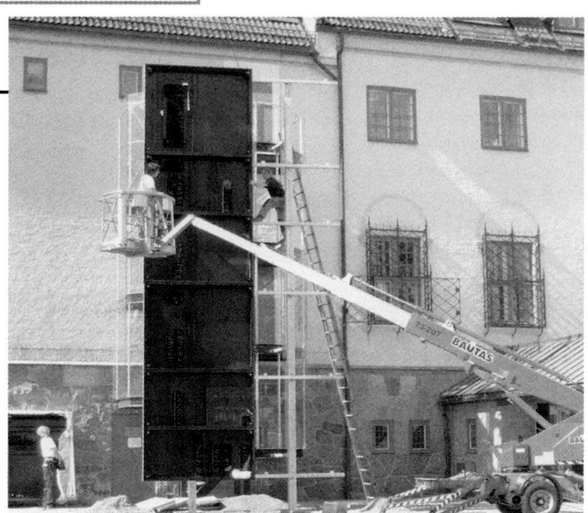

Installering / Mounting «Innocent Questions», Villa Grande, 2006

Non-Reflective Image: Sandblasted onto the hardened surface of the outermost glass layer of each panel is a reconstruction of a historical »punch card«[4], representing the reduction of the individual to number and category. This image is perceived as non-reflective, creating a heightened contrast to the reflectivity of the underlying mirrored surface.

Reflected Environment: The work functions as a mirrored wall that reflects the natural environment: the trees and sky, and the visiting public. The face of the historical building is thereby opened and partially erased.

Illuminated Texts: Mounted onto the rear of each panel within the punch card image, are words and phrases written in fixed light-emitting diodes (LED's). This textual content has been derived from historical and contemporary personal questionnaires.

The rear of the work is sealed, and the illuminated red LED texts appear as an ephemeral image, suspended in the reflecting mirror. Only the illuminated LED texts are seen through the mirrored glass, which is otherwise fully reflective of the environment.

The words and phrases appear and disappear within a slow and randomly generated temporal composition perceived within the virtual punch card image. Because the appearance of illuminated words and phrases is continually changing, new combinations of words and phrases arise, igniting unexpected associations from the questionnaire entries as one passes the work.

During the hours of daylight, the mirror glass reflects the trees and sky. The information

1 Zigmunt Bauman, **Modernity and the Holocaust**, Cambridge 1999, s. 227.

2 **Villa Grande var residensen til den norske fascistlederen Vidkun Quisling fra 1941 til 1945.**

3 William Seltzer og Margo Anderson, **The Dark Side of Numbers: The Role of Population Data Systems in Human Rights Abuses**, i: Social Research 68 (2): 481–513, sommer 2001, s. 483.

4 Designet er delvis basert på en illustrasjon som er reprodusert i Götz Aly og Karl Heinz Roth, **Die restlose Erfassung. Volkzählen, Identifizieren, Aussondern im Nationalsozialismus**, Berlin 1984, s. 136. Kilde: National Archives, Washington.

layers (non-reflective image, reflected environment and illuminated text) are clearly visible. In the hours of darkness, artificial side lighting illuminates the non-reflecting sandblasted surfaces of the outer glass layer, which would otherwise be imperceptible.

1 Zigmunt Bauman, **Modernity and the Holocaust**, Cambridge 1999, p. 227.

2 The Villa Grande was the residence of the Norwegian Fascist leader, Vidkun Quisling from 1941 to 1945.

3 William Seltzer and Margo Anderson, **The Dark Side of Numbers: The Role of Population Data Systems in Human Rights Abuses**, in: Social Research 68 (2): 481–513, Summer 2001, p. 483.

4 The design is loosely based on an illustration reproduced in: Götz Aly and Karl Heinz Roth, **Die restlose Erfassung. Volkzählen, Identifizieren, Aussondern im Nationalsozialismus**, Berlin 1984, p. 136. Source: National Archives, Washington.

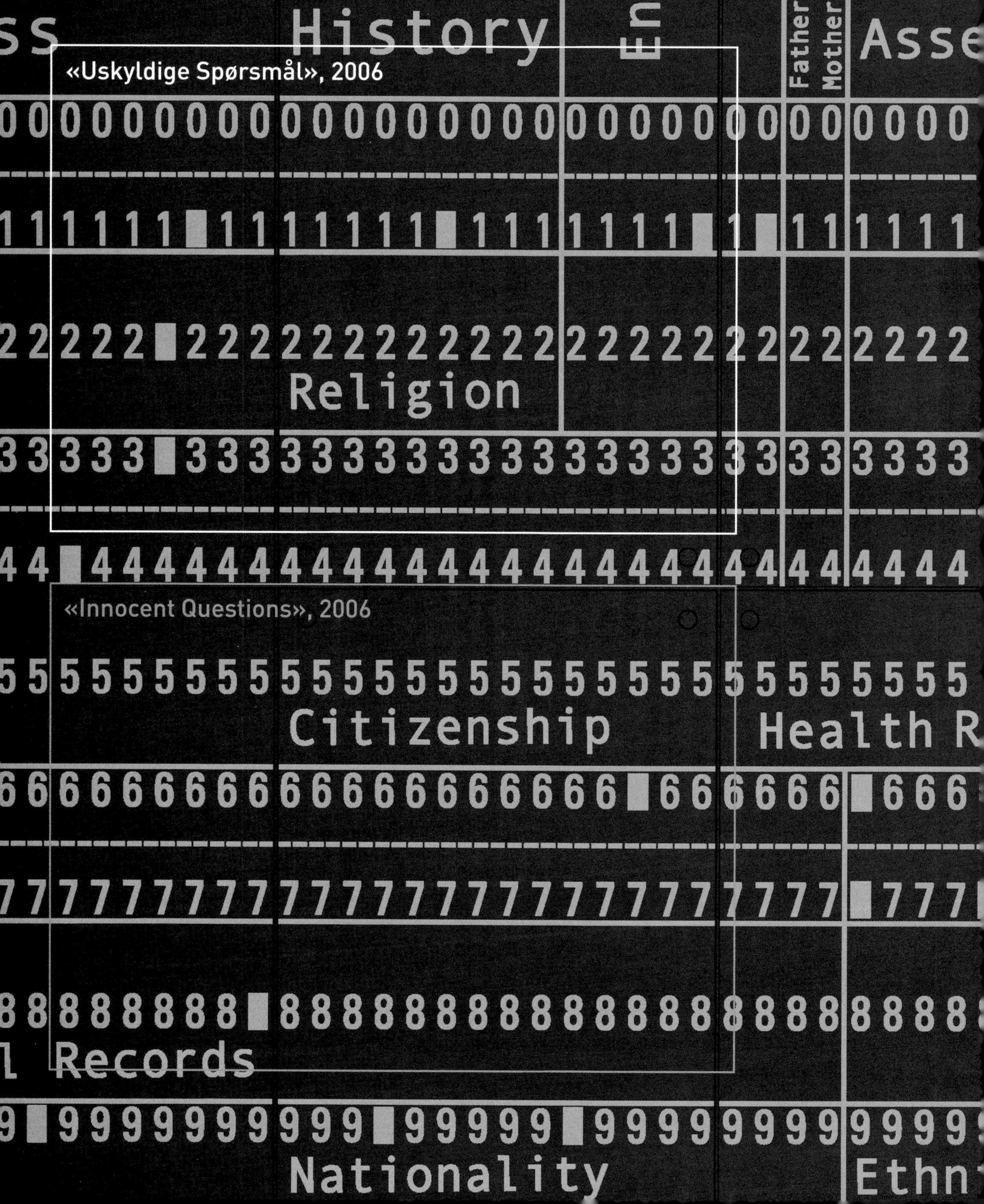

«Uskyldige Spørsmål», 2006

«Innocent Questions», 2006

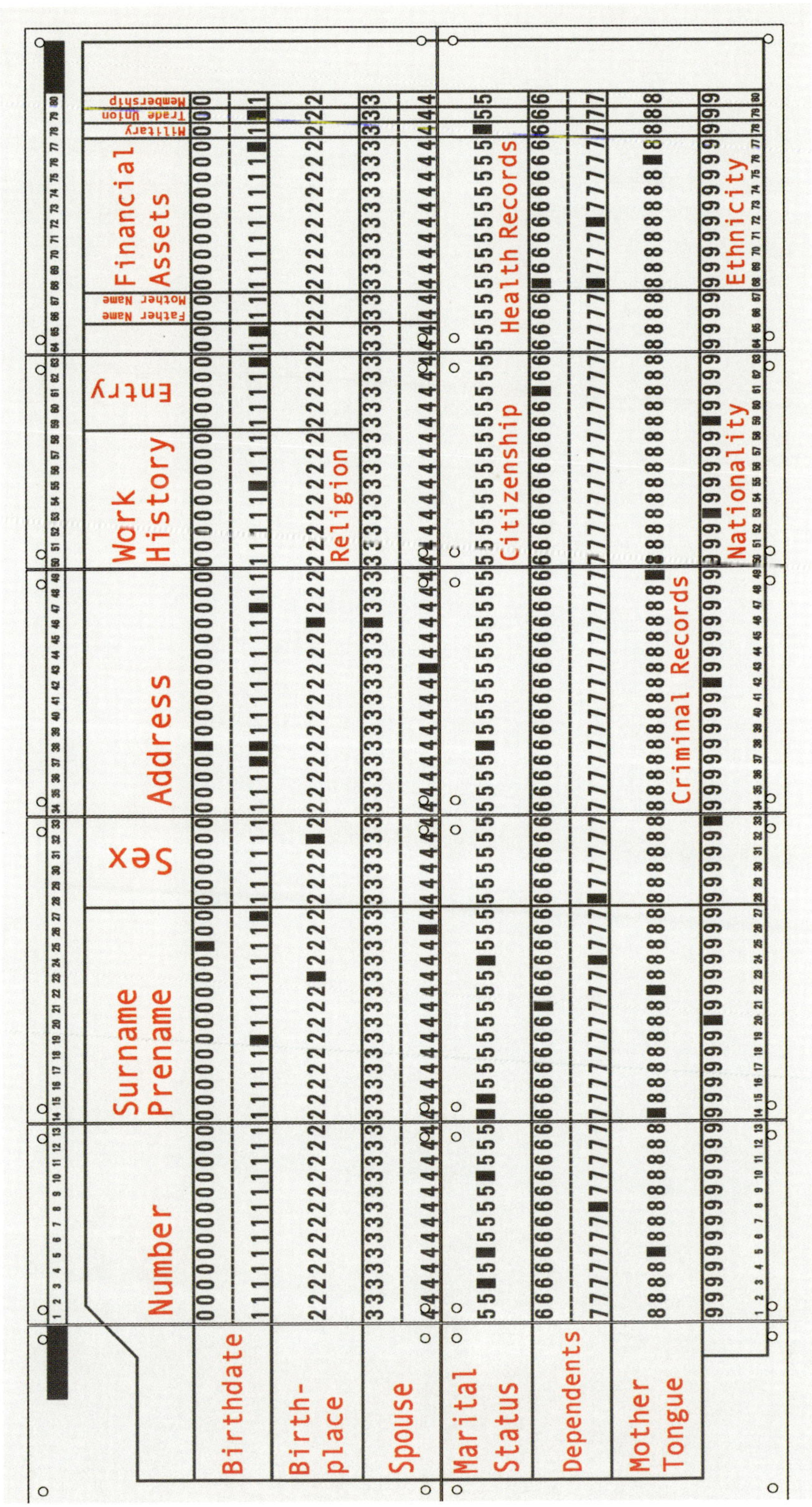

Teknisk tegning / Technical Drawing, «Innocent Questions»

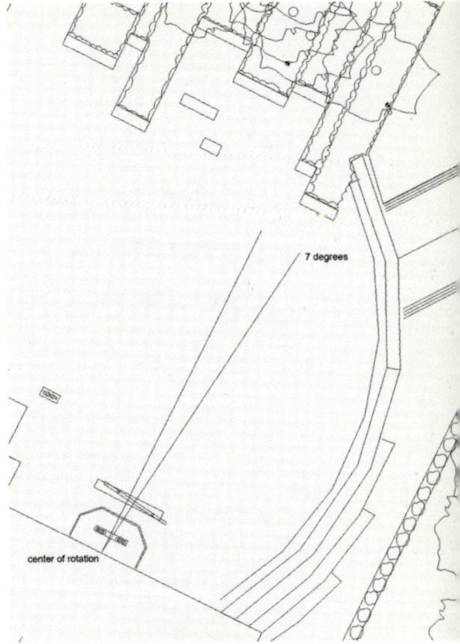

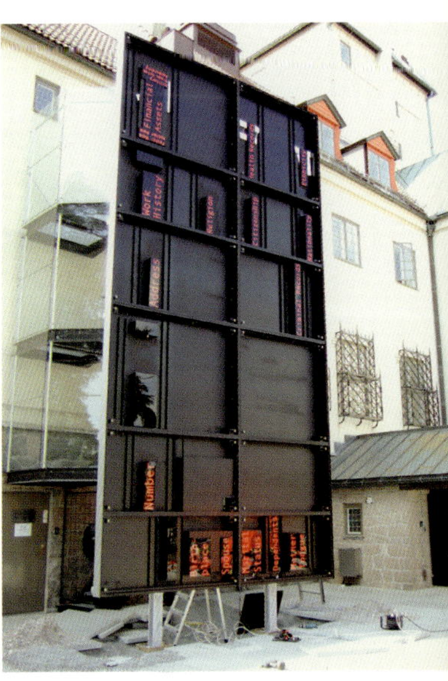

Teknisk tegning, topografisk plassering / Technical Drawing, Topographic Positioning, «Innocent Questions», 2006

Bakre paneler før glass-montering / Rear Panels before Glass Mounting, «Innocent Questions», 2006

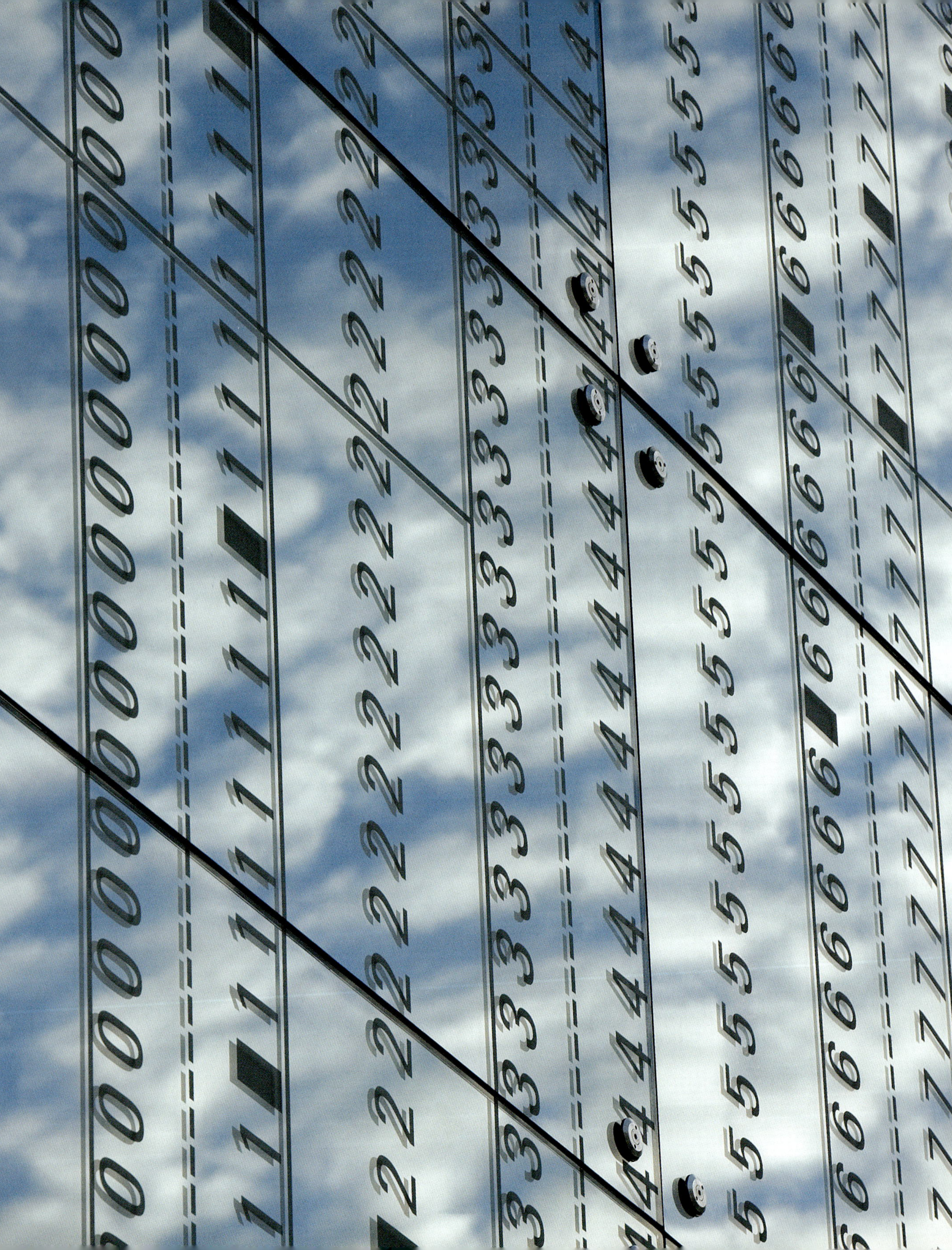

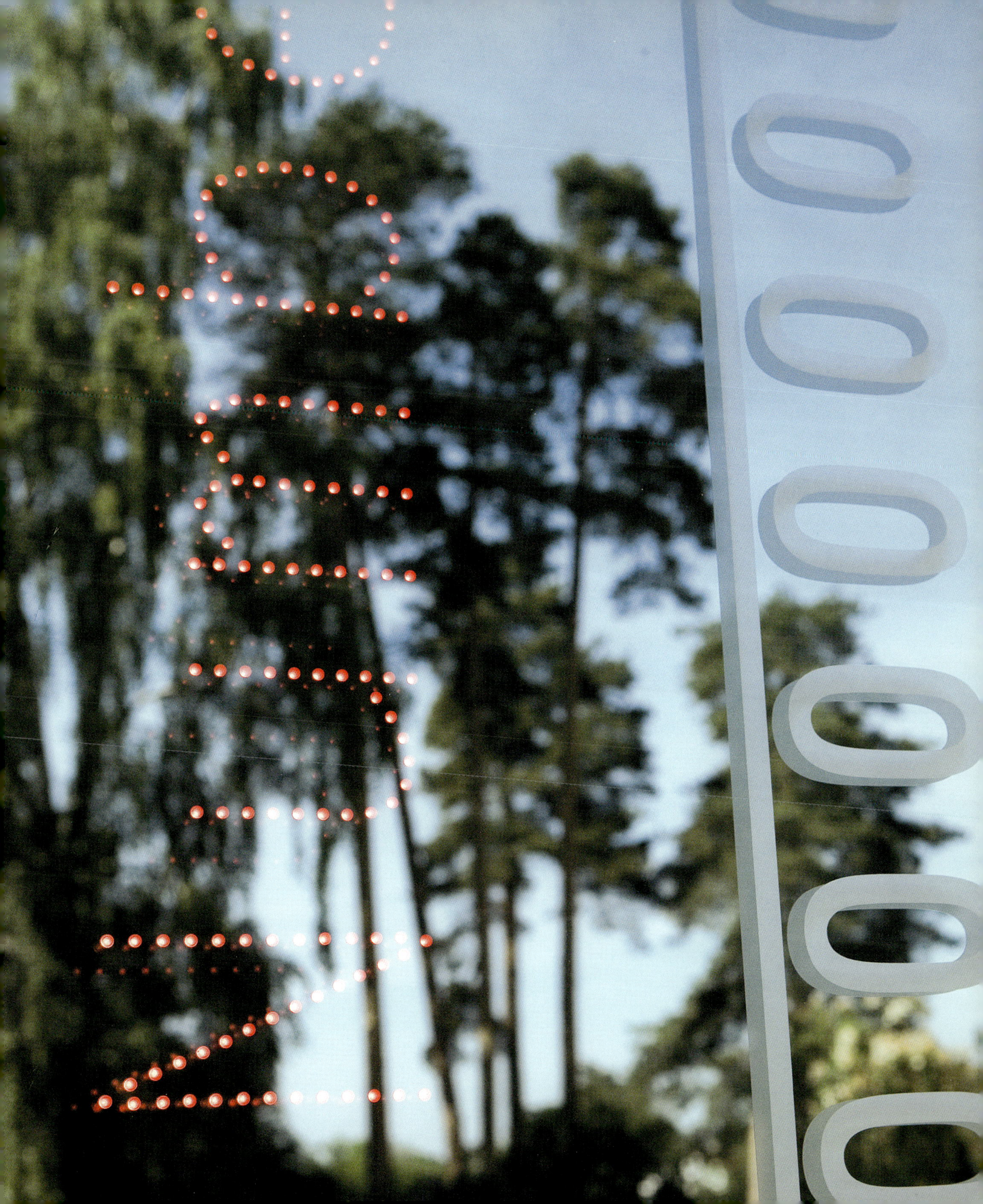

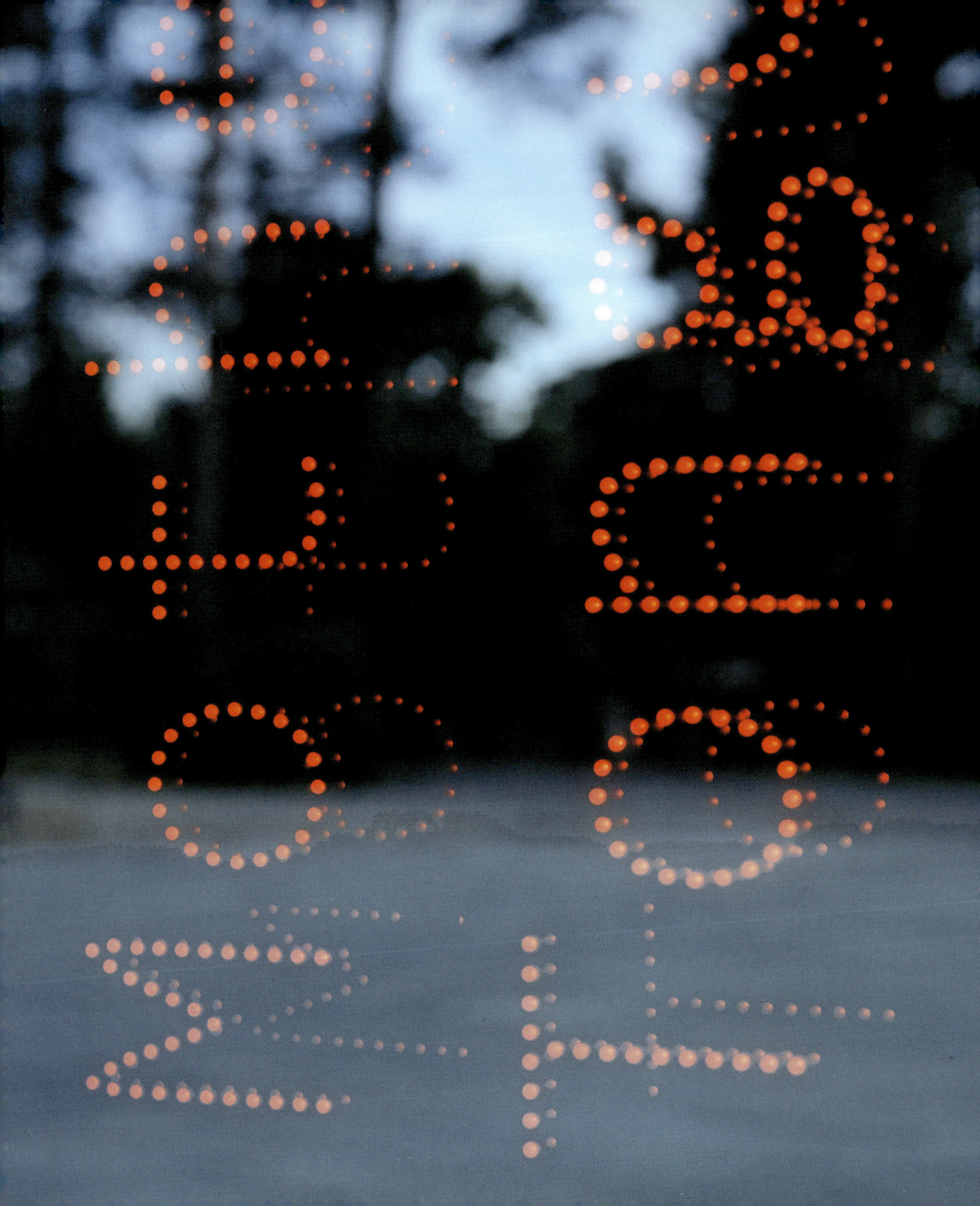

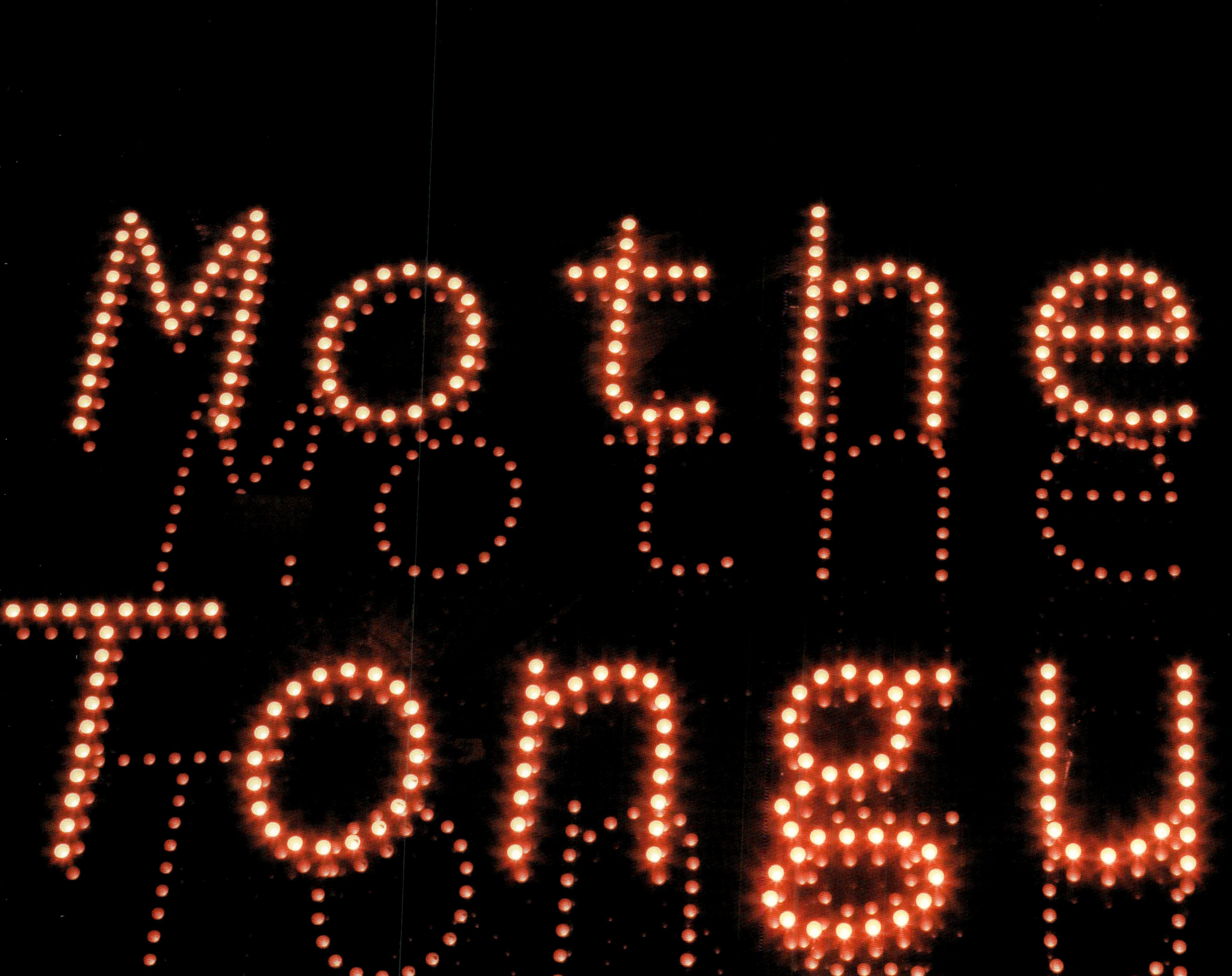
Mothe
Tongu

Number

Surname
Prename

Sex

Birthdate

Marital
Status

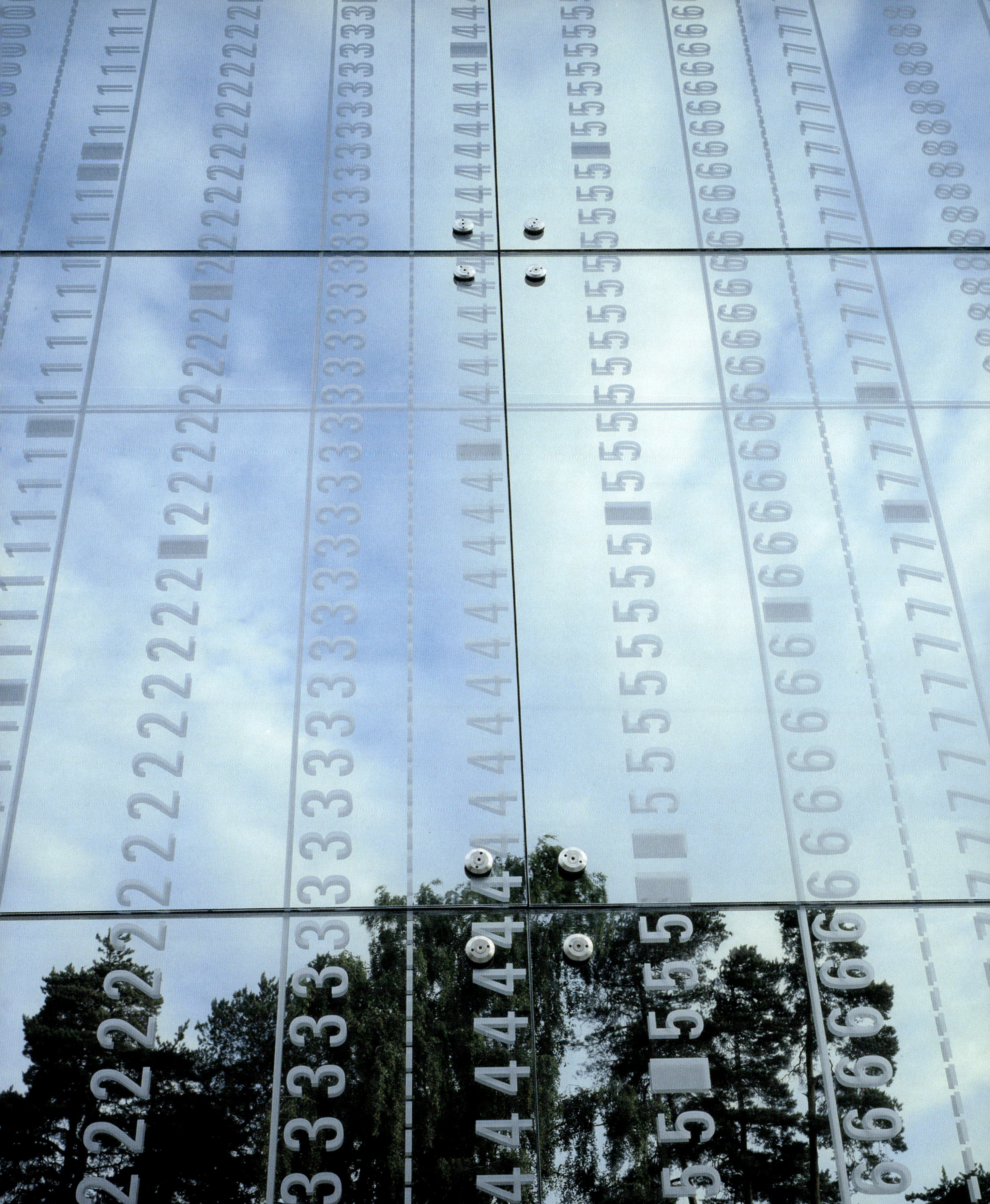

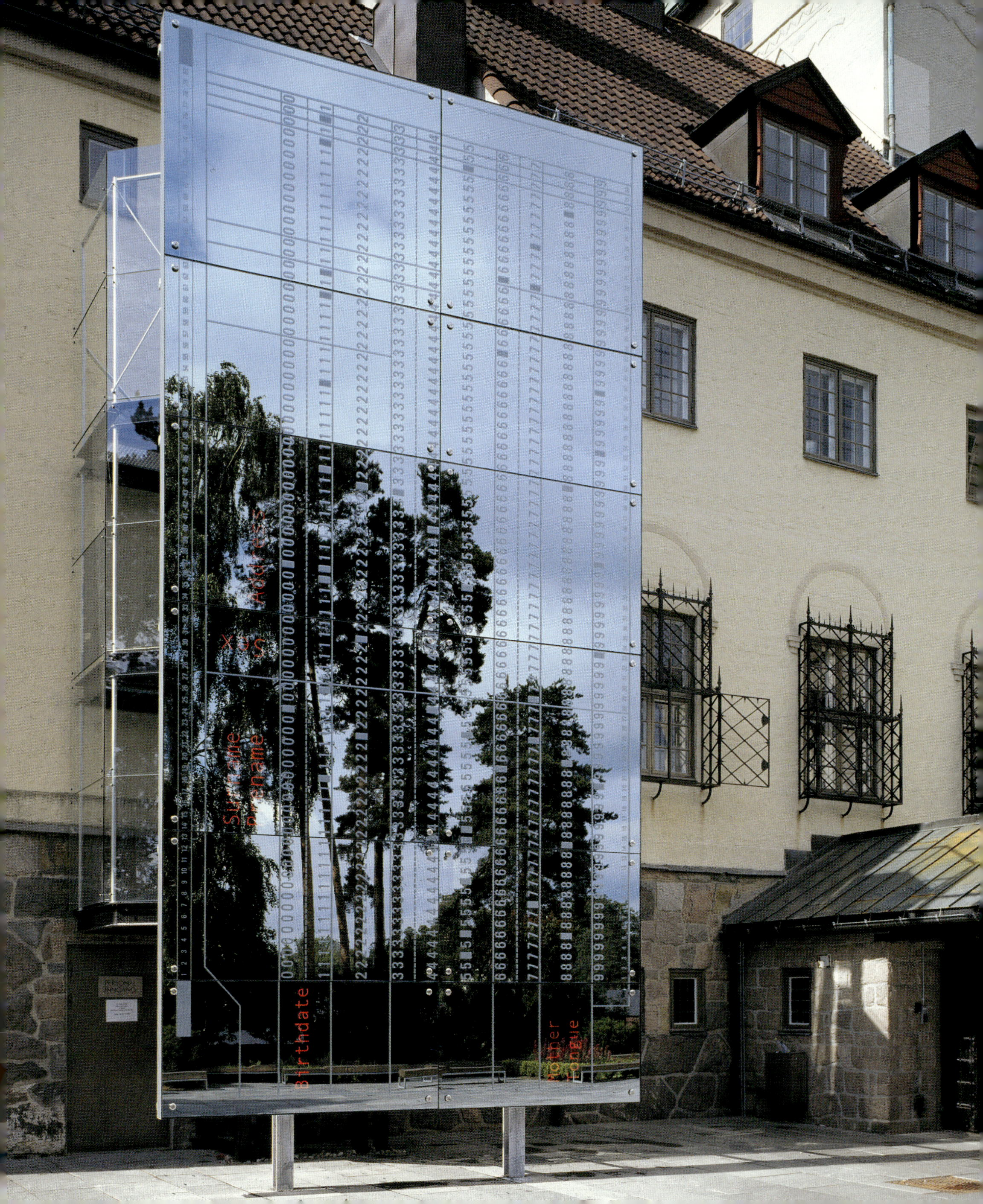

Address
Birthdate
Mother Tongue

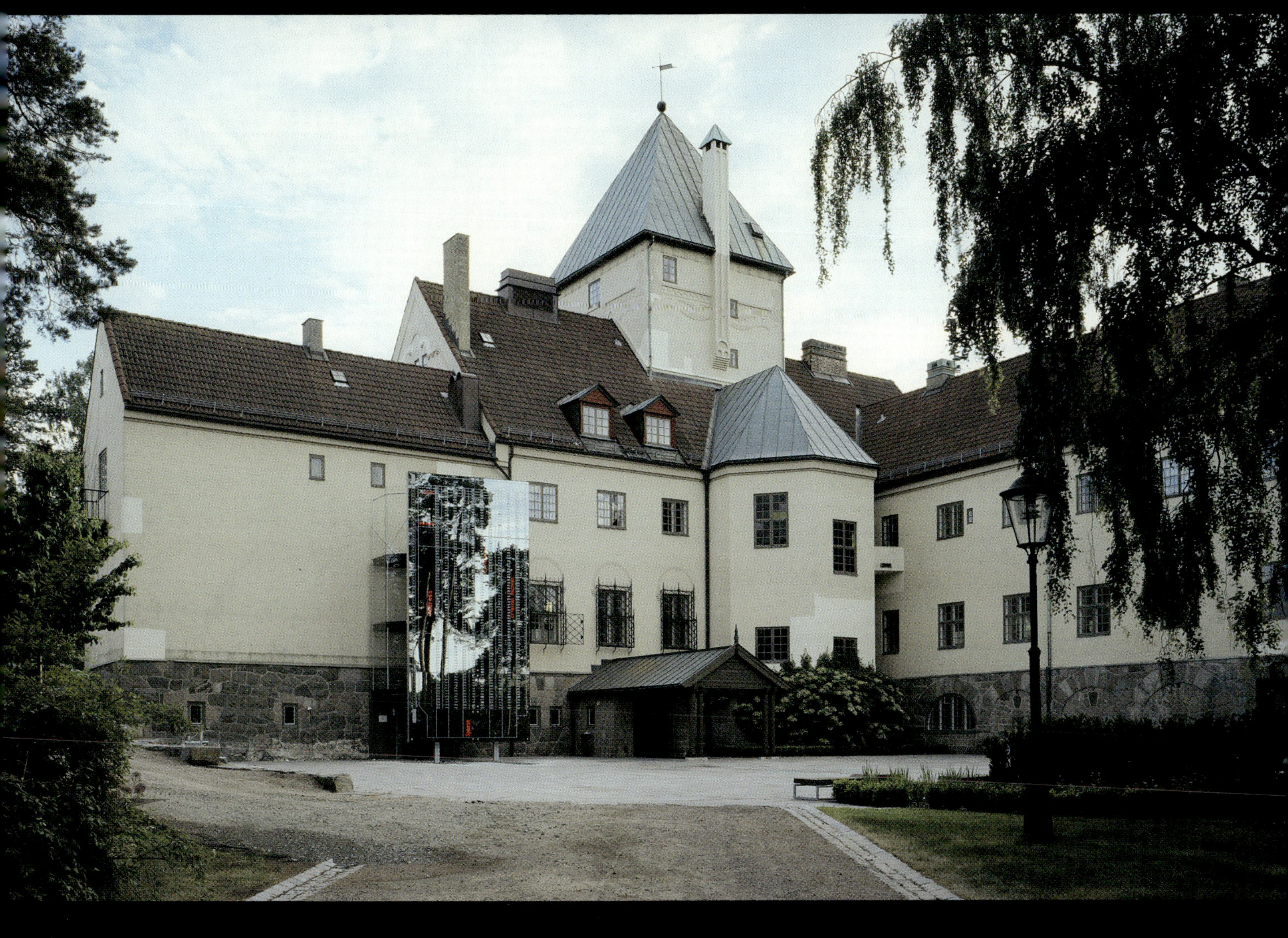

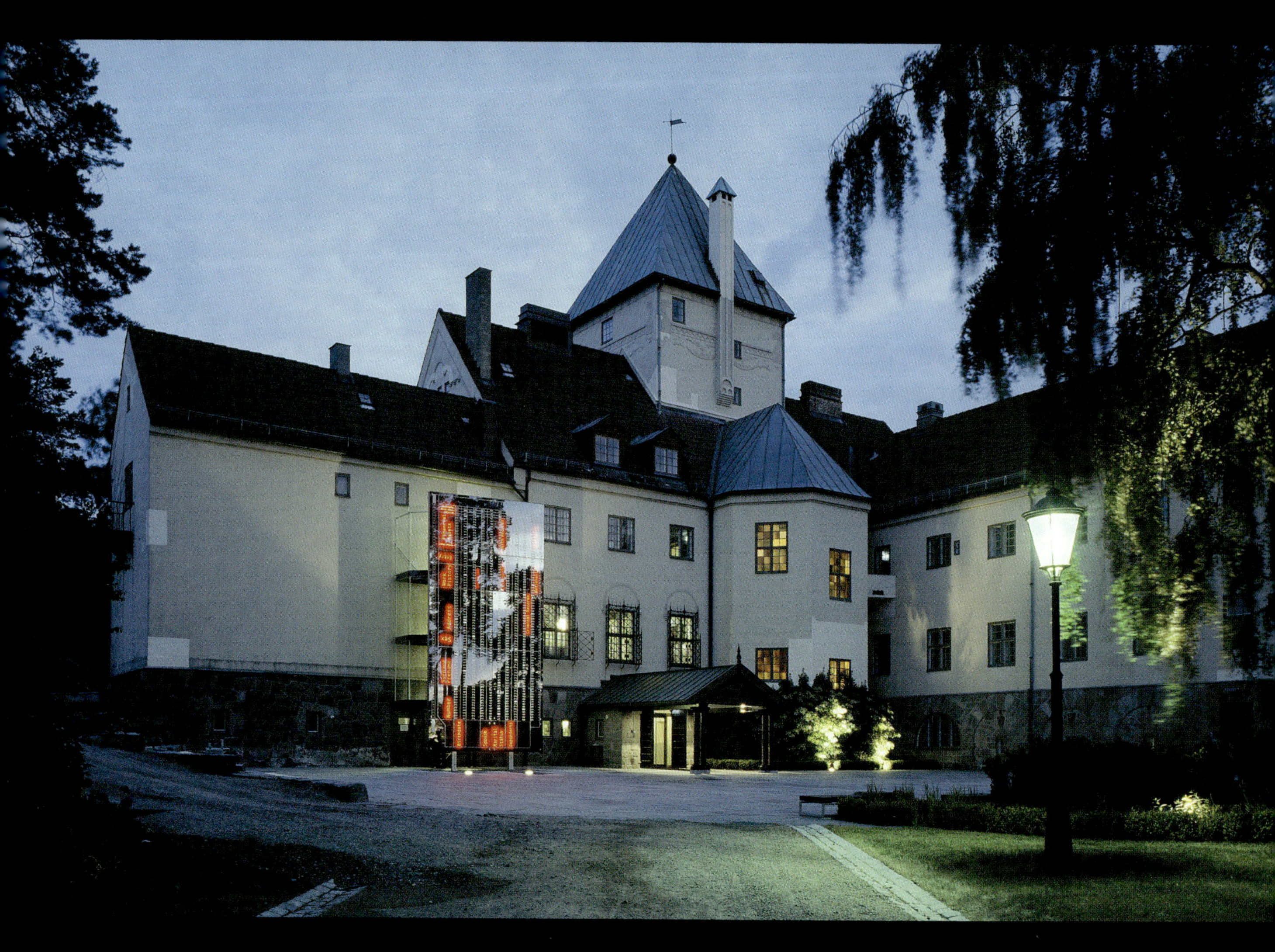

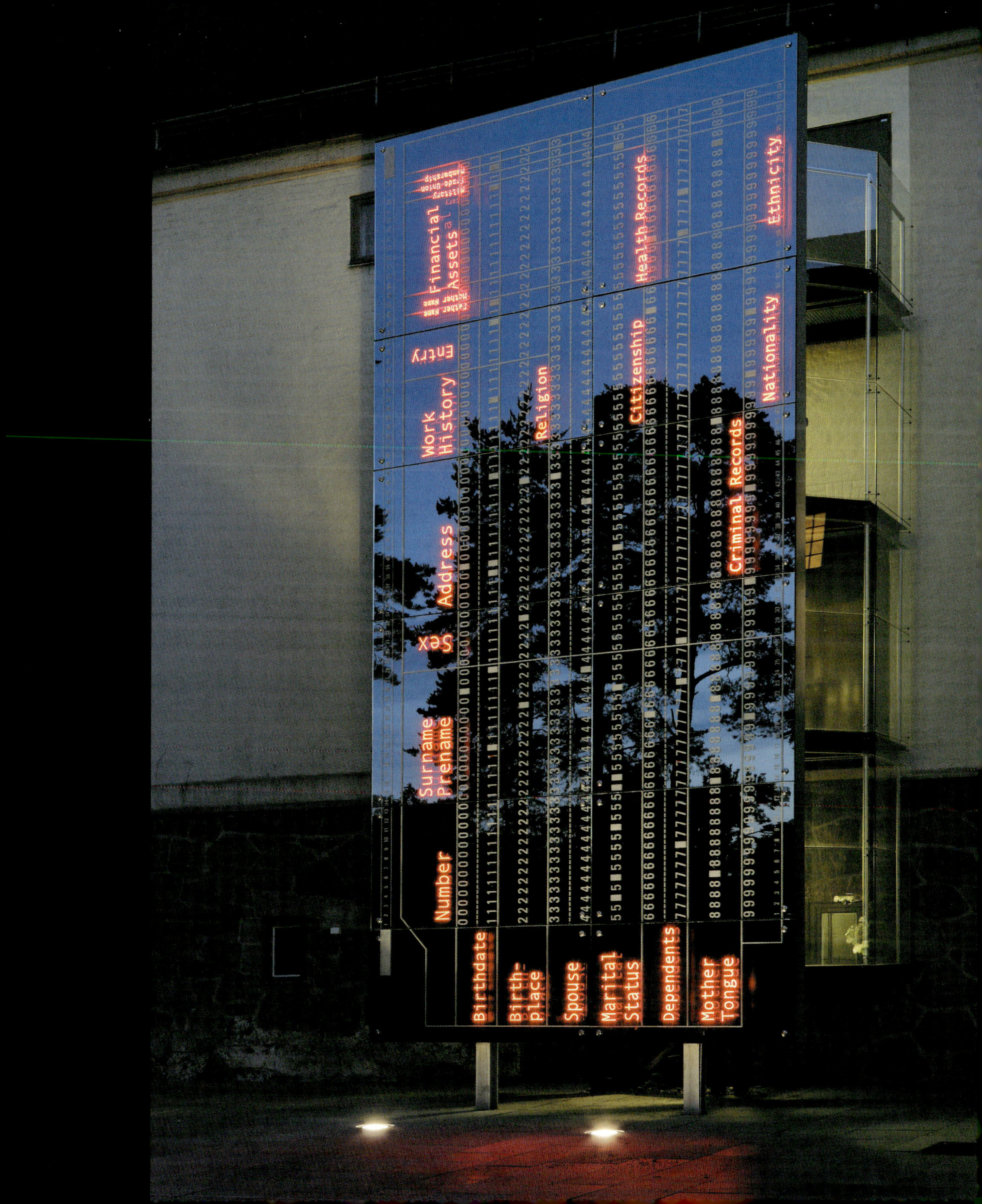

Number
Surname
Prename
Sex
Address
Work
History
Entry
Financial
Assets
Religion
Citizenship
Health Records
Criminal Records
Nationality
Ethnicity
Birthdate
Birth-
place
Spouse
Marital
Status
Dependents
Mother
Tongue

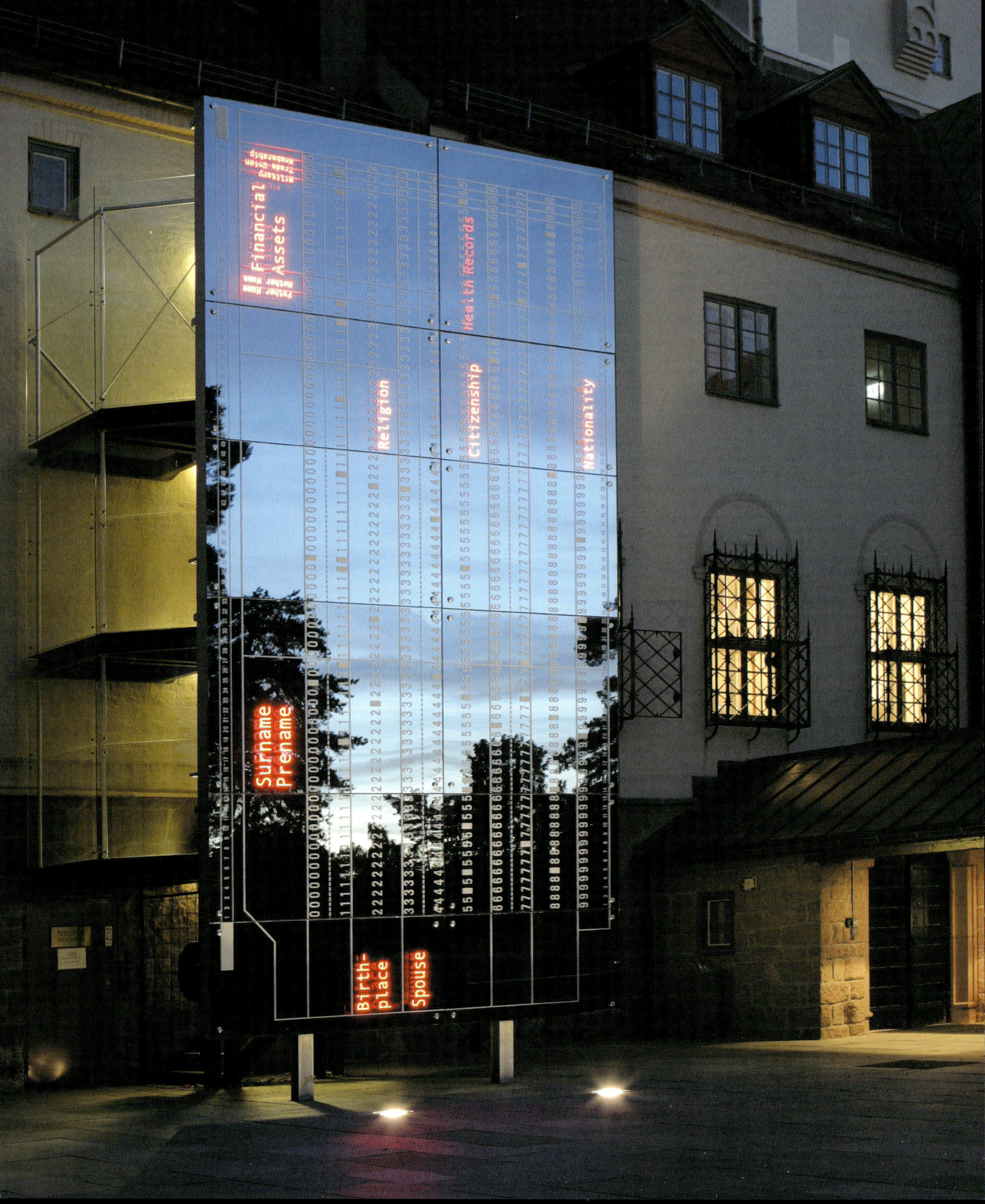

Financial Assets
Health Records
Religion
Citizenship
Nationality
Surname Prename
Birth-place
Spouse

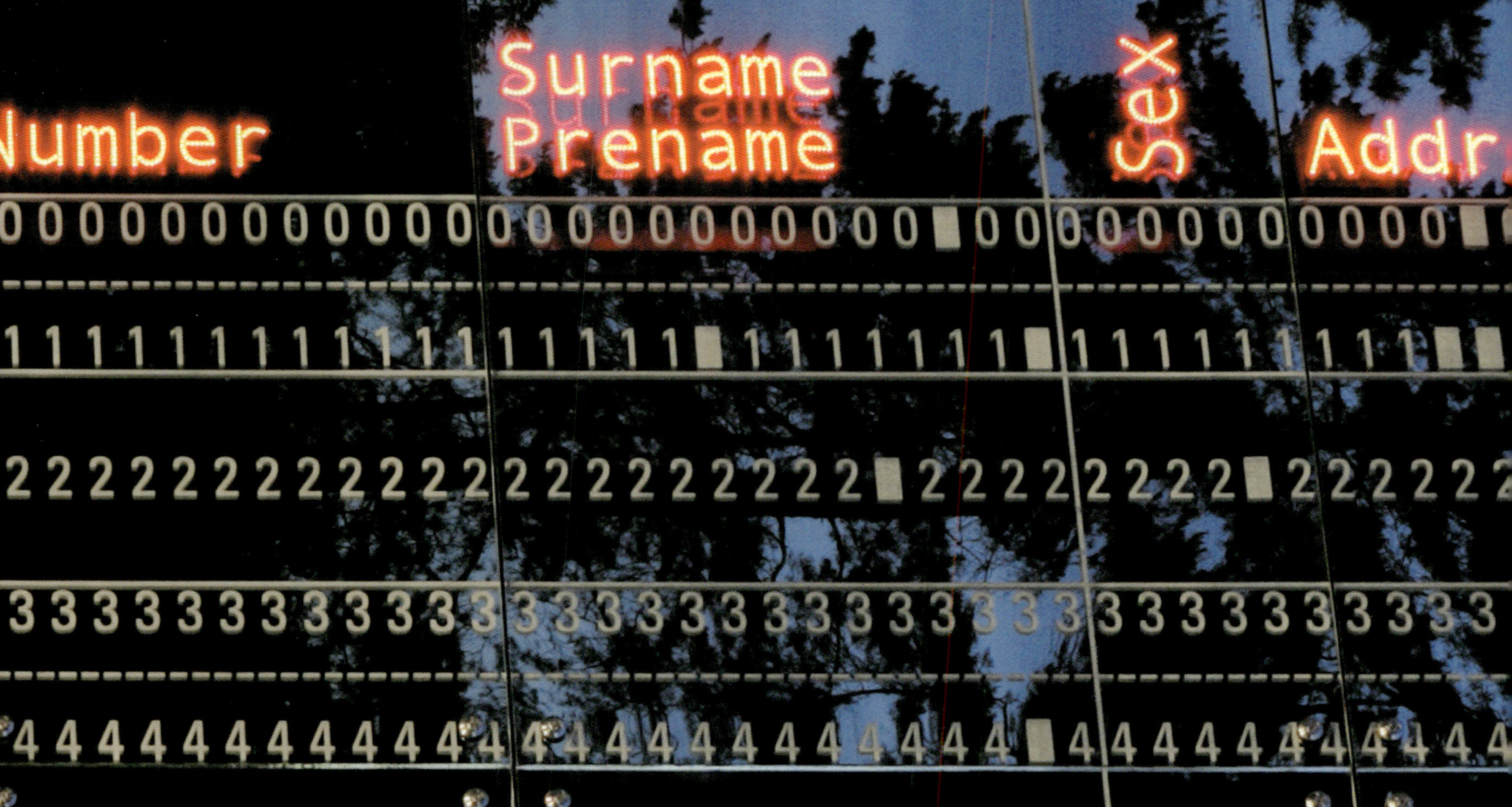
Number
Surname
Prename
Sex

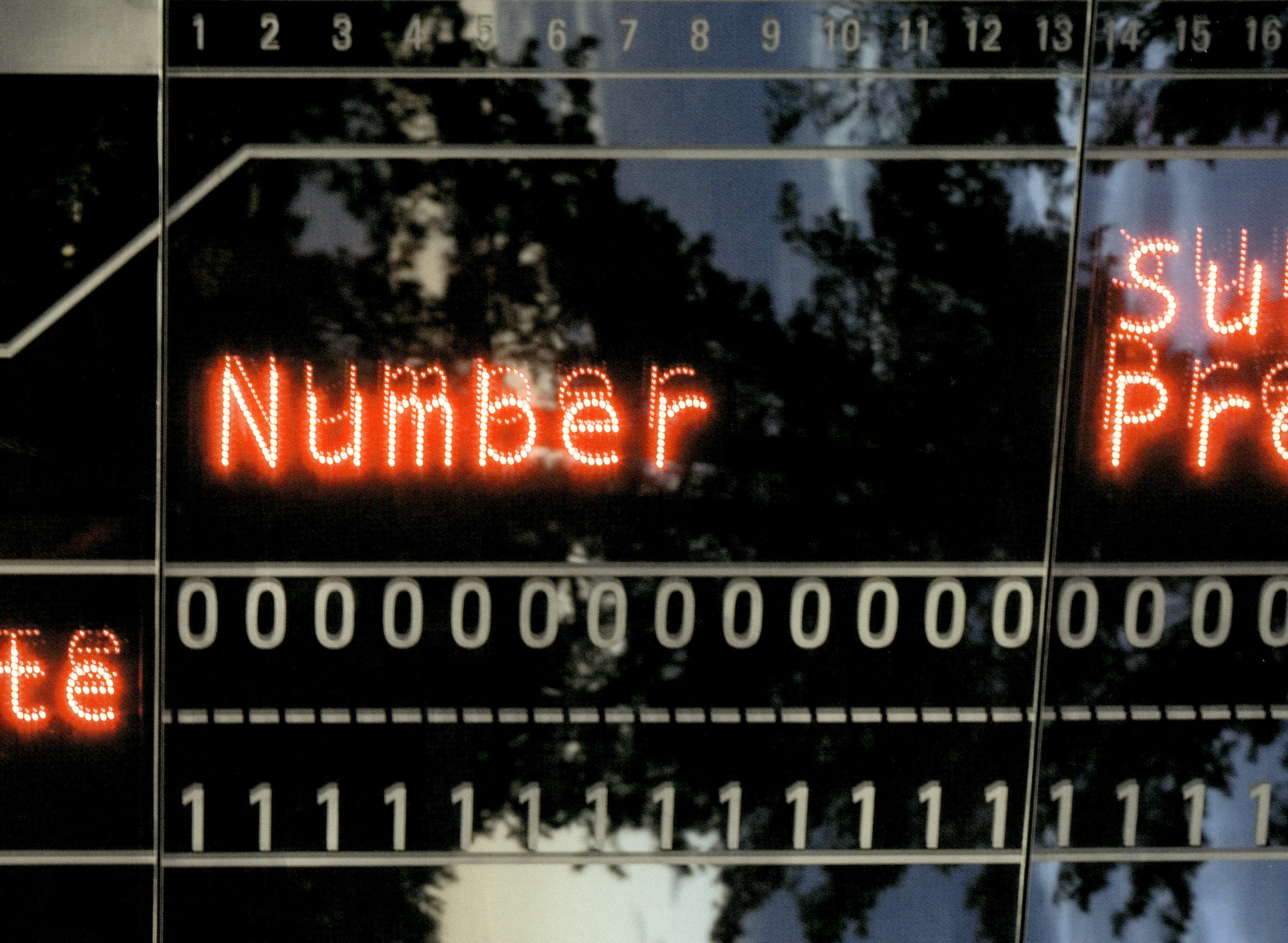
Number

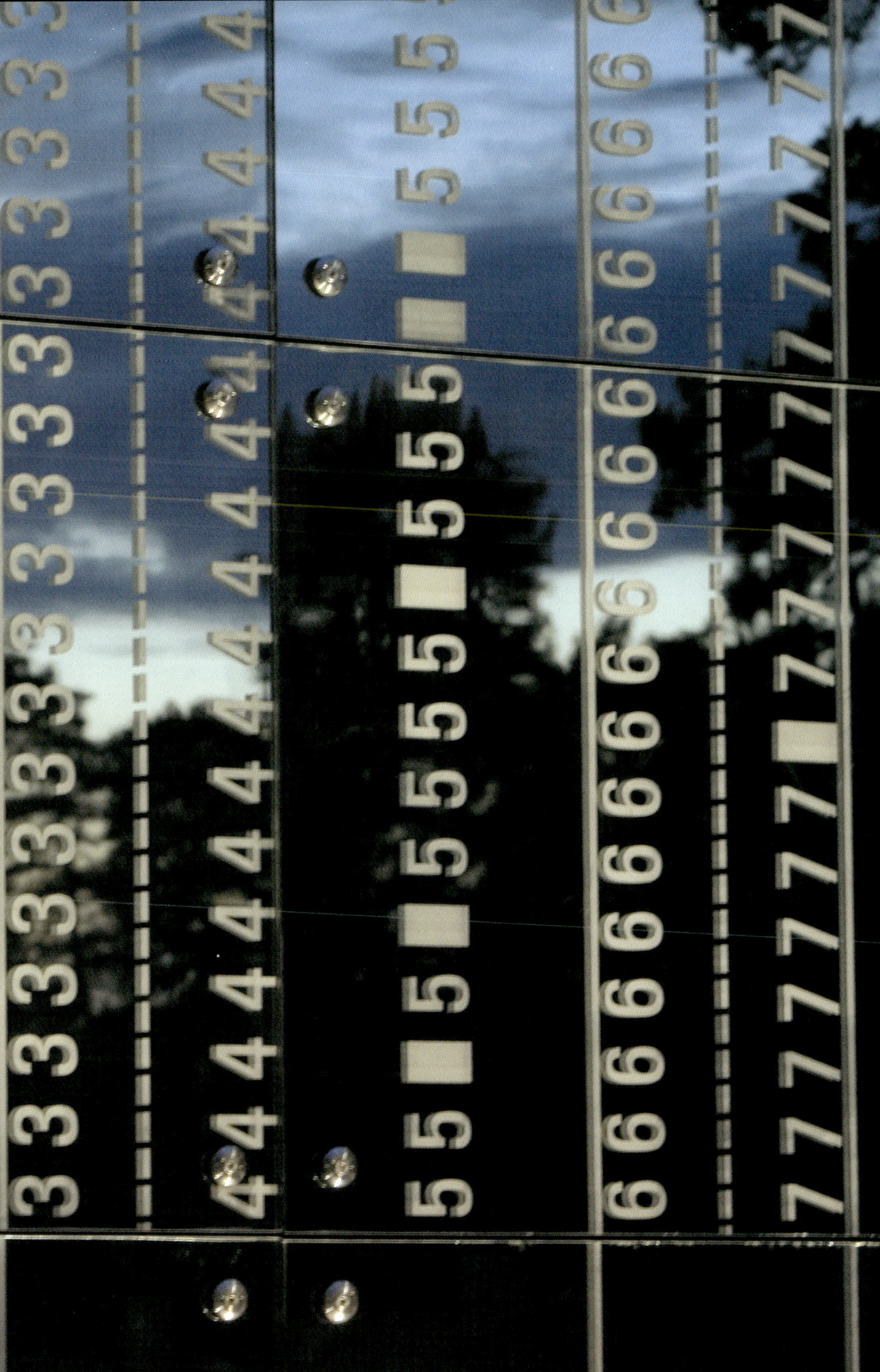

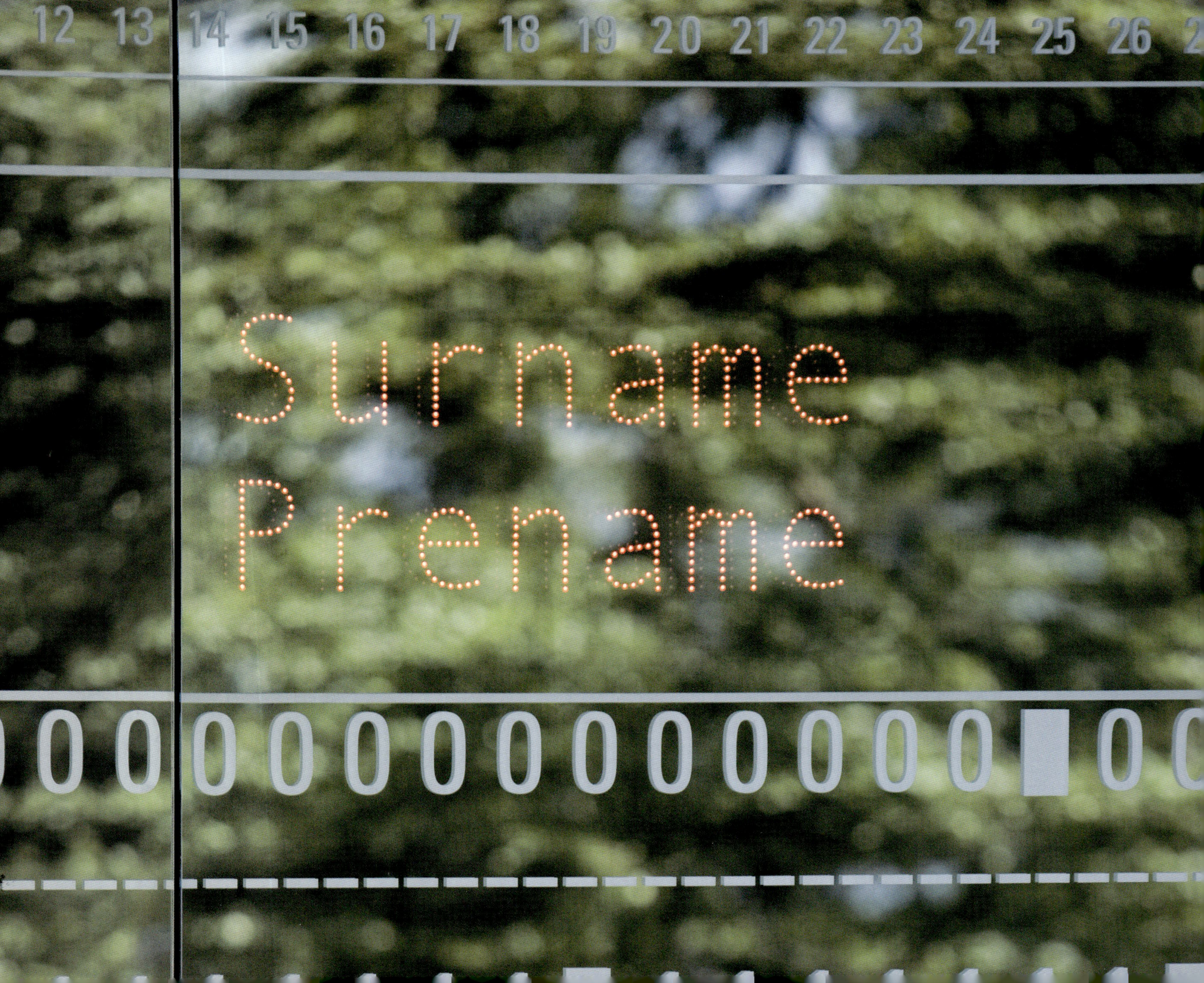

12 13 14 15 16 17 18 19 20 21 22 23 24 25 26
Surname
Prename

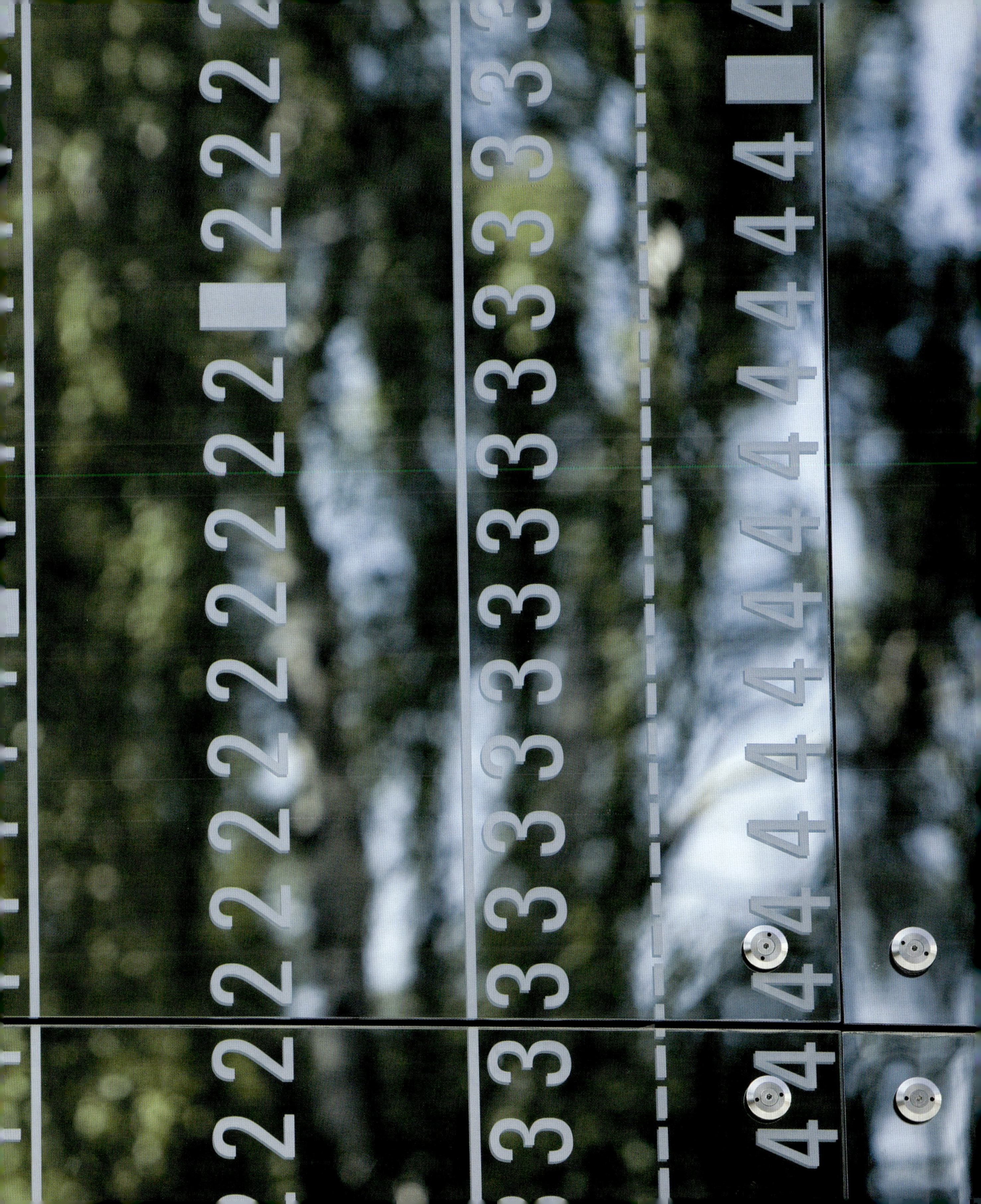

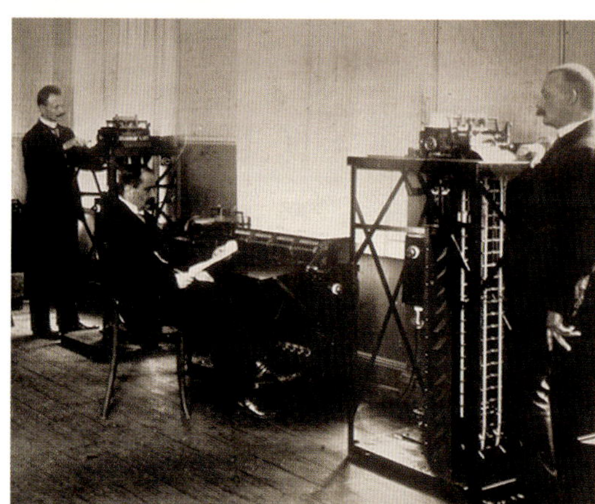

Hollerith-departementet / Hollerith Department, DEHOMAG, Hamburg, 1939

Første hullkort departement / First punch card department, Bayer AG, Elberfeld, 1911

Typisk hullkort fra 1960-tallet / Typical punch card, 1960's

Samling av persondata	Arnold Dreyblatt

Den første vellykkede anvendelsen av tidlig datateknologi i stor skala hadde som formål å systematisere persondata gjennom telling og analyser av individer. Hermann Hollerith (1860–1929) har vanligvis fått æren for å ha utviklet hullkort-teknologien til bruk i den amerikanske folketellingen i 1890, lenge før den moderne datamaskinen ble oppfunnet. Holleriths arbeid er tydelig påvirket av Joseph-Marie-Jacquards hullkortsystem for mekaniske vevstoler. I 1884 beskriver Hollerith sin første metode i en patentsøknad: «Ulike statistiske data for en gitt person registreres ved å lage forskjellige hull i en linje. [...] Hullets posisjon indikerer om personen er mann eller kvinne, hvit eller farget, i tillegg til hans eller hennes alderskategori.»[1] Her ser vi at anvendelsen av denne nye teknologien fra begynnelsen av identifiserer mennesker ut fra potensielt diskriminerende kategorier.

Holleriths selskap ble senere til International Business Machines, eller IBM, hvis datterselskap i det som senere ble Nazi-Tyskland[2] brukte hullkort til å identifisere og kategorisere jøder og andre uønskede minoriteter i Tyskland og

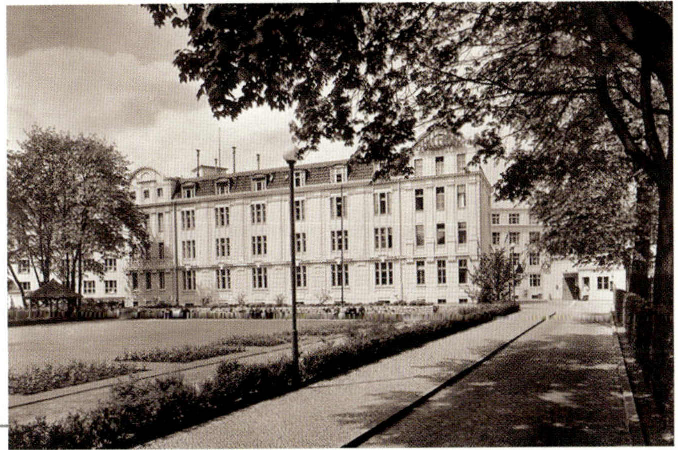

DEHOMAG, fabrikk og kontorer / DEHOMAG Factory and Offices, Berlin-Lichterfelde, 1934

The Collection of Personal Data	Arnold Dreyblatt

The first successful application of early computing technology on a large scale was for the tabulation of personal data in the counting and analysis of individuals. Hermann Hollerith (1860–1929) is generally credited with the development of »punch card« technology for use in the 1890 American Census, long before the invention of the computer itself. Hollerith's ideas show the influence of Joseph-Marie-Jacquard's punched cards which he invented for use in early mechanical looms. In 1884, Hollerith describes his first design in a patent application: »Various statistical items for a given person are recorded by punching suitable holes in a line across the strip. [...] The position of the hole indicated whether a person was male or female, and white or colored, in addition to his or her age category.«[1] Thus the application of this new technology, from its very inception, identifies persons by potentially discriminating categories.

Hollerith's company later became »International Business Machines«, or »IBM«, whose affiliate in what became Nazi

Hollerith tabuleringsmaskin type 3B / Hollerith Tabulation Machine Type 3B

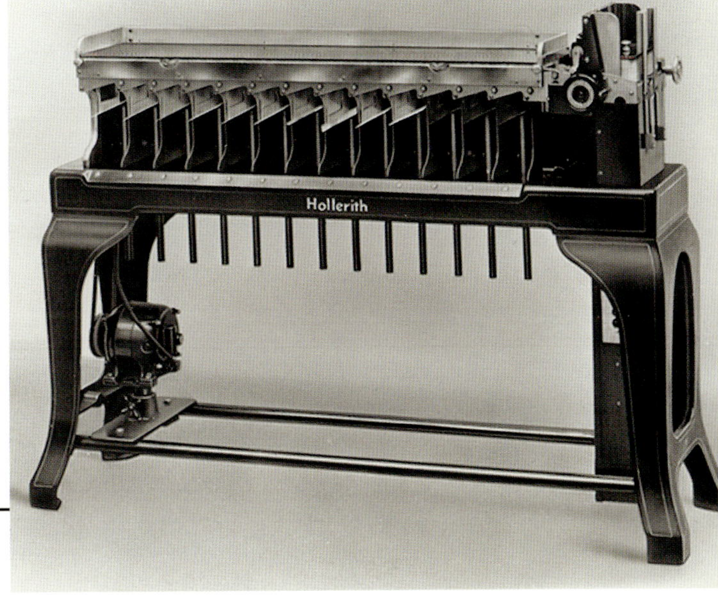

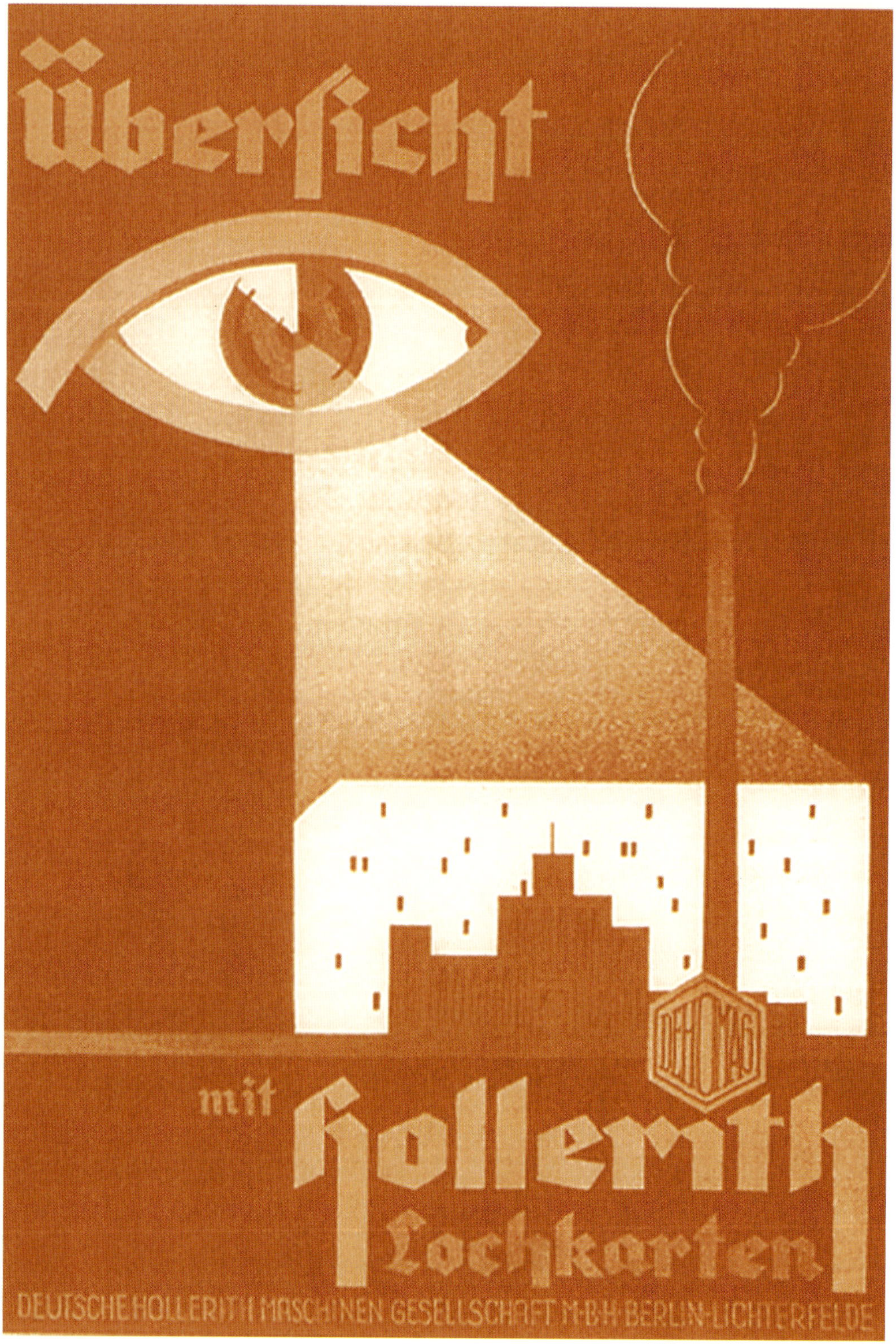

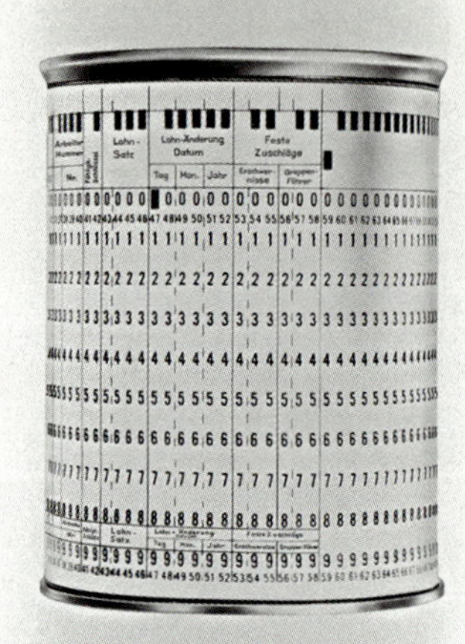

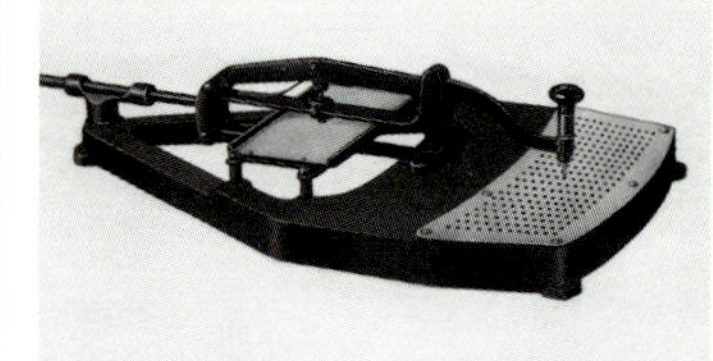

«Programtrommel for hullkort-maskiner IBM 024 og IBM 026,1951» / »Program Drum for Puncher IBM 024 and IBM 026,1951«

Første Hollerith «Pantoraph» hullmaskin / First Hollerith »Pantograph Punch«, 1890

«Se alt med hullkort» German Hollerith Machines LLC, Reklameplakat, 1933 / »See everything with punch cards«, German Hollerith Machines LLC, Advertising Poster, 1933

tyskokkuperte områder under Det tredje riket. For eksempel solgte IBM Sverige 696 000 hullkort til IBM Norge (Watson Norsk) i 1939.[3]

I tillegg til anvendelse for personlige identitetskort og spørreundersøkelser, er hullkortteknologi stadig i bruk for å klassifisere og analysere personlig informasjon, slik det kom frem i etterspillet fra det amerikanske presidentvalget i 2000.

Hullkortet har blitt til et symbol på reduksjonen av et individ til nummer og kategori. Som resultat av denne klassifiseringen kan individer lett lokaliseres i en befolkning, og utøvelse av politisk makt skjer ofte på bakgrunn av en slik informasjonen.

1 US patent nr. 395,782, sitert i: Geoffrey D. Austrian, **Hermann Hollerith, Forgotten Giant of Information Processing**, New York 1982, s. 13.

2 «Deutsche Hollerith-Maschinen Gesellschaft mbH» eller «Dehomag».

3 Edwin Black, **IBM and the Holocaust**, New York 2001, s. 175.

Germany[2] was capable of applying punch card technology to the identification and tabulation of Jewish and other undesirable minorities within Germany and in countries under German occupation during the Third Reich. For example, in early 1939, IBM Sweden sold 696,000 punch cards to IBM Norway (»Watson Norsk«).[3]

Behind the personal identity card and questionnaire, personal information has continued to be counted and analyzed using punch card technology until recent years, finally culminating in its notorious use during the American presidential election in 2000.

The image of the punch card has come to symbolize the reduction of the individual to number and classification. It is as a result of this tabulation process that the individual can be located within a population at risk. Political policy is often determined on the basis of this information.

1 US patent No. 395,782, quoted in: Geoffrey D. Austrian, **Hermann Hollerith, Forgotten Giant of Information Processing**, New York 1982, p. 13.

2 »Deutsche Hollerith-Maschinen Gesellschaft mbH« or »Dehomag«.

3 Edwin Black, **IBM and the Holocaust**, New York 2001, p. 175.

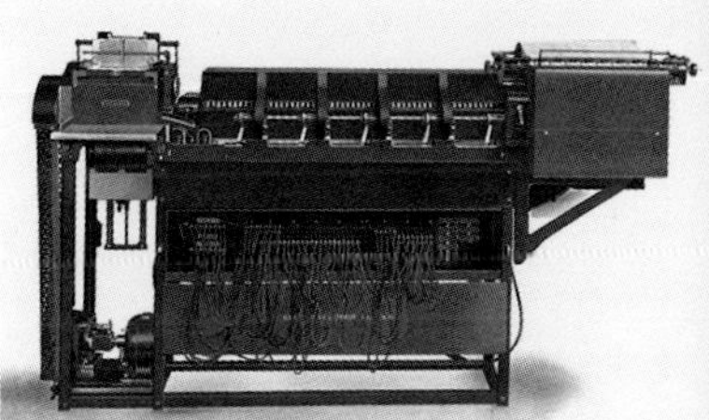

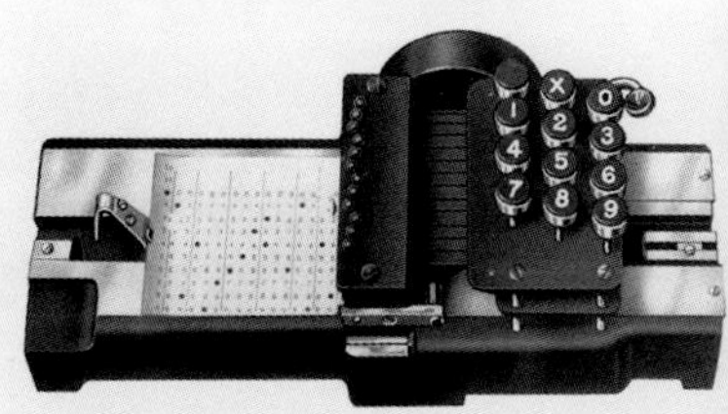

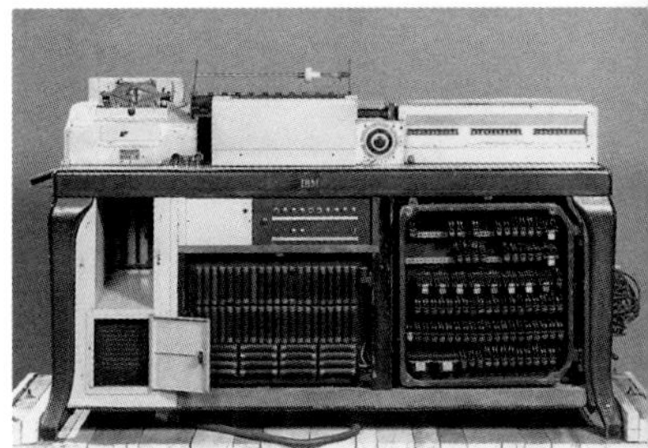

Horisontal sorteringsmaskin IBM 080 / Horizontal Sorting Maschine IBM 080, **1925**

IBM 131 Alfabet-hulltang / IBM 131 Alphabet Puncher, **1950**

Typisk IBM sorteringsmaskin, 1930-tallet / Typical IBM sorter machine, 1930's

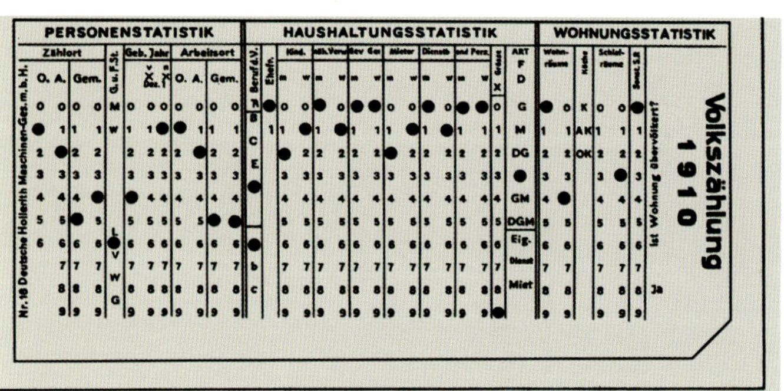

Hullkort for folkeregistrering / Punch card for Census, 1910

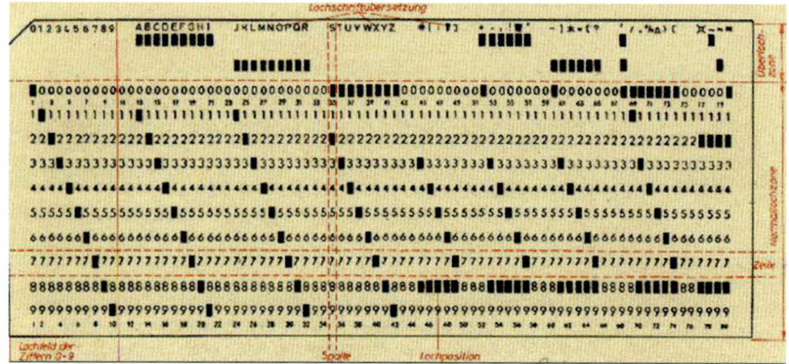

Hovedhullkort / Punch guide card

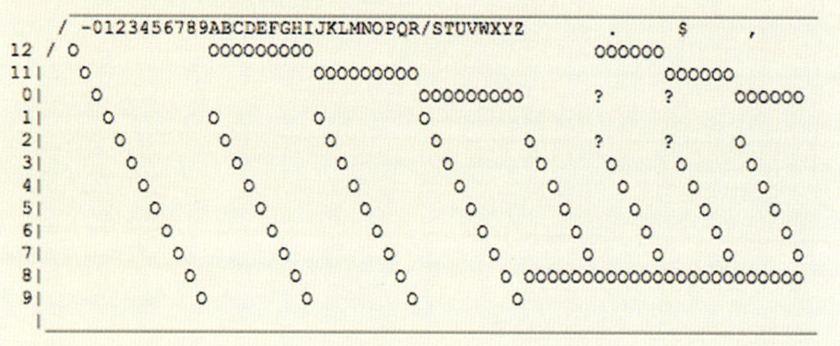

Kodeforklaring for Hollerith-kort / Code key to Hollerith Card

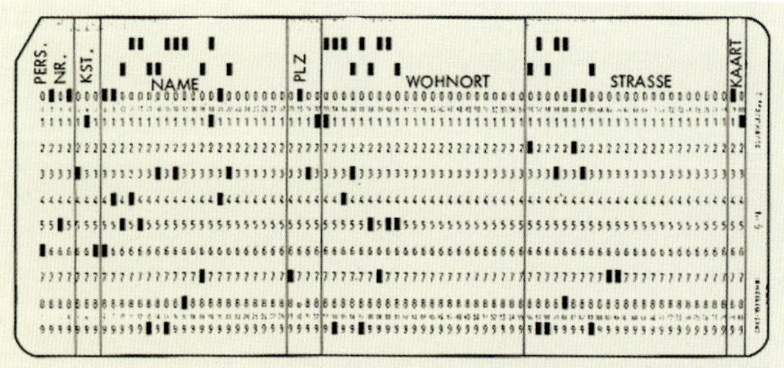

IBM-hullkort / IBM punch card

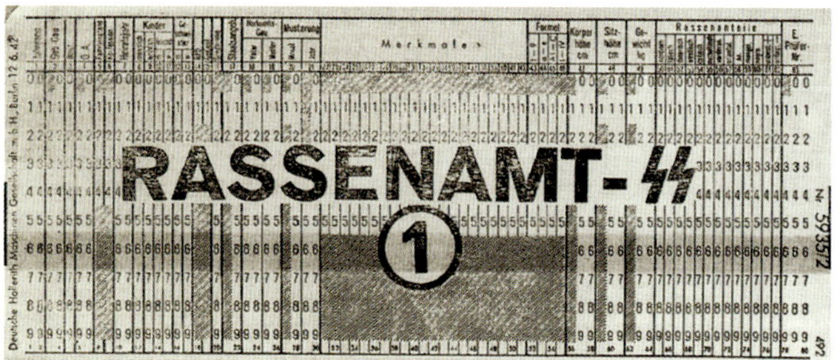

Typisk IBM-hullkort for SS-rase-kontoret / Typical IBM punch card for the SS Racial Office

Misbruk av folkeregistre	Arnold Dreyblatt

Holocaustsenteret ser det som sin misjon å presentere Holocausts historie i Norge og andre europeiske land hvor det har foregått folkemord i moderne tid. Derfor har jeg fokusert på to eksempler på folkemord hvor misbruk av folkeregistre har skjedd og knytter med dette Norge til Rwanda. Begge land viser noen av de tydeligste eksemplene på at omfattende folkeregistrering og datasystemer har blitt systematisk brukt til å tilintetgjøre sårbare befolkningsgrupper.[1]

I det tyskokkuperte Europa var jødene ofte gjenstand for spesielle folketellinger og registreringer. Statistikkbyråer utnyttet det politiske klimaet til å initiere nye strategier for datainnsamling og siktet mot sårbare befolkningsgrupper.[2] Dokumentasjon tyder på at disse dataene la til rette for en rask og effektiv forfølgelse.[3]

Den 2. februar 1942, dagen etter at Vidkun Quisling ble statsminister i Norge, ble det beordret at 12.000 kopier av «Spørreskjema for jøder i Norge» skulle trykkes.[4] De samlede dataene ble snart brukt til å lage lister som ble brukt i massearrestasjonene av den norske jødiske befolkningen i slutten av oktober 1942.[5]

I Rwandas tilfelle ble klassifisering av befolkningen i etniske grupper først introdusert under den belgiske kolonimakten i 1933. Her konstruerte man et etnisk skille som tidligere ikke hadde eksistert og favoriserte Tutsi-minoriteten på bakgrunn av dens mer «kaukasiske»

The Misuse of Population Registration Systems	Arnold Dreyblatt

The Holocaust Center sees its mission as presenting the history of the Holocaust in Norway and elsewhere in Europe within the context of other acts of Genocide in modern history. Therefore I have focused on two examples of Genocides in which the misuse of population registration has played a central role, thereby linking Norway with Rwanda. Both have been cited among the foremost cases in which comprehensive population registration and data systems were systematically used in the extermination of populations at risk.[1]

In German-occupied Europe, Jews were often subject to special censuses and registrations. Statistical agencies took advantage of the political climate in initiating new data collection strategies targeting vulnerable populations.[2] Available evidence further suggests that this data facilitated the speed and efficiency of persecution.[3]

On February 2, 1942, on the day after Vidkun Quisling became Minister-President of Norway, 12,000 copies of the »Questionnaire for the Jews in Norway« (»Spørreskjema for jøder i Norge«) were ordered and printed by his party.«[4] The resulting data was applied shortly thereafter by the statistical office in generating the lists which were applied in the mass arrests of the Norwegian Jewish population beginning in late October 1942.[5]

Sider fra et identitetskort, Frankrike / Pages from identity card, France, 1931

Visas en cas de changement de domicile.

Vu au départ d

à destination d

le

Timbre.

Vu à l'arrivée à

(adresse)

le

Timbre.

Skjemaet utfylles i 3 eks.
Helst maskinskrevet!

Dato ....

Spørreskjema

for

jøder i Norge

fra

.... politidistrikt.

Etternavn ....
(For kvinner også pikenavnet)

Samtlige fornavn ....
(Bruksnavnet understrekes)

Født (sted, datum, år) .... I hvilket land ....

Privatadr. (gt., nr., by) ....

.... Privattlf. ....

Nuværende religionssamfund .... Siden når ....

Tidligere religionssamfund ....

Familieforhold: (Ugift, gift, enkestand, skilt) ....

For- og etternavn på ektefellen ....
(For kvinner pikenavnet)

Ektefellens fødested, datum og år ....

Har ektefellen jødisk innslag i familien? ....

Antall barn: ....
(Navn) (Alder) (Oppholdssted)

....

....

....

Nuværende erhvervsyrke .... Selvstendig? Ja/Nei

Yrke av fag ....

Event. biyrker ....

Teoretisk og praktisk utdannelse ....

....

Militær utdannelse ....

Offentlige tillitshverv ....

Medl. av fagl. organisasjoner før ....

Medl. av fagl. organisasjoner nu ....

Medl. av andre foreninger og organisasjoner ....

....

Har De vært frimurer? .... Fra .... til ....

Hvilken grad? .... Hverv ....

Nasjonalitet .... Statsborgerskap ....

Når kom De til Norge ....

Siste oppholdssted utenfor Norge ....

2. 42. nelson trykk, oslo

«Spørreskjema for jøder i Norge» / »Questionnaire for the Jews in Norway«, 1942

utseende.[6] Og viktigst, de postkoloniale myndighetene insisterte på videreføring av dette registreringssystemet.[7] Dataene ble samlet inn av lokale myndigheter og dukket opp på identitetskortene som alle voksne rwandere var pålagt å bære.[8] Bidragsytende land diskuterte tidlig på 1990-tallet om de skulle insistere på at den etniske tilhørigheten ble fjernet fra identitetskortene, men de gjorde det ikke.[9] Både sentrale og lokale myndigheter brukte kortene til å isolere og tilintetgjøre tutsibefolkningen,[10] og folkemordet var ikke «tilfeldige, vilkårlige eller formålsløse myrderier» slik det ble fremstilt av internasjonale medier og de rwandesiske myndighetene selv. Hendelsene skred snarere frem i takt med administrativ planlegging, og de utøvende drapsmennene befant seg i enden av en samarbeids- og kommandokjede.[11]

1 William Seltzer og Margo Anderson, **The Dark Side of Numbers: The Role of Population Data Systems in Human Rights Abuses**, i: Social Research 68 (2): 481–513, sommer 2001, s. 486–487, 493.

2 William Seltzer, **Population Statistics, the Holocaust, and the Nuremberg Trials**, i: Population and Development Review, Vol. 24, nr. 3. (september, 1998), s. 515.

3 David Martin Luebke og Sybil Milton, **Locating the Victim: An Overview of Census-Taking, Tablulation Technology, and Persecution in Nazi Germany**, i: IEEE Annals of the History of Computing, Vol. 16, nr. 3, 1994, s. 26.

4 Samuel Abrahamsen, **Norway's Response to the Holocaust. A Historical Perspective**, New York 1991, s. 96–97.

In the case of Rwanda, the group classification of the population according to ethnic group was first introduced in a registration system by the Belgian colonial government in 1933, imposing a separation of ethnicity where none had formerly existed and favoring the minority Tutsi population on the basis of a more »Caucasian« appearance[6]. Most importantly, the postcolonial authorities continually insisted on keeping this registration system in place.[7] The registration data was recorded at the local governmental level and appeared on the identity cards which were required for all adult Rwandans.[8] In the early 1990's, international donor countries discussed but did not insist on eliminating the entry of ethnic affiliation on identity cards.[9] Central and local government administrations utilized these cards in isolating and anihilating the Tutsi population.[10] Contrary to the general perception presented by the international media as well as by the Rwandan authorities themselves, the genocide was not a random, unplanned »indiscriminate or wanton slaughter.« Rather, the events proceeded in steps of administrative planning, with the direct killers involved at the end of a chain of command and cooperation.[11]

1 William Seltzer and Margo Anderson, **The Dark Side of Numbers: The Role of Population Data Systems in Human Rights Abuses**, in: Social Research 68 (2): 481–513, Summer 2001, pp. 486–487, p. 493.

2 William Seltzer, **Population Statistics, the Holocaust, and the Nuremberg Trials**, in: Population and Development Review, Vol. 24, No. 3. (September, 1998), p. 515.

3 David Martin Luebke and Sybil Milton, **Locating the Victim: An Overview of Census-Taking, Tablulation Technology, and Persecution in Nazi Germany**, in: IEEE Annals of the History of Computing, Vol. 16, No. 3, 1994, p. 26.

5 William Seltzer, **Population Statistics, the Holocaust, and the Nuremberg Trials,** i: Population and Development Review, Vol. 24, nr. 3. (september 1998), s. 515.

6 Alison Des Forges, **Leave None To Tell Their Story,** New York: Human Rights Watch 1999, s. 36.

7 Ibid, s. 40.

8 Ibid, s. 37.

9 Ibid, s. 17.

10 Ibid, s. 90.

11 Jim Fussell, **Group Classification on National ID Cards as a Factor in Genocide and Ethnic Cleansing,** Paper presented at Yale University, Genocide Studies, 2001.

4 Samuel Abrahamsen, **Norway's Response to the Holocaust. A Historical Perspective,** New York 1991, pp. 96–97.

5 William Seltzer, **Population Statistics, the Holocaust, and the Nuremberg Trials,** in: Population and Development Review, Vol. 24, No. 3. (September 1998), p. 515.

6 Alison Des Forges, **Leave None To Tell Their Story,** New York: Human Rights Watch 1999, p. 36.

7 Ibid, p. 40.

8 Ibid, p. 37.

9 Ibid, p. 17.

10 Ibid, p. 90.

11 Jim Fussell, **Group Classification on National ID Cards as a Factor in Genocide and Ethnic Cleansing,** Paper presented at Yale University, Genocide Studies, 2001.

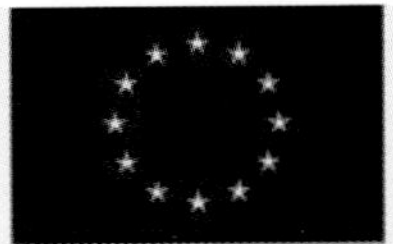

Photo

Stamp Embassy or Consulate

Application for Schengen Visa

This application form is free

A visa is a permit or a decision issued to tourists or issued for stays of a similarly short duration and which gives the holder the right to cross the borders of and stay in those countries specified on the visa document, on condition that the person concerned fulfils the other entry requirements for that country. A visa is only valid together with a valid passport or a valid travel document of some other kind.

1. Surname(s) (family name(s))

2. Surname(s) at birth (earlier family name)

3. First names (given names)

4. Date of birth (year-month-day) | 5. ID-number (optional)

6. Place and country of birth

7. Current nationality/ies | 8. Original nationality (nationality at birth)

9. Sex
☐ Male ☐ Female

10. Marital status:
☐ Single ☐ Married ☐ Separated
☐ Divorced ☐ Widow(er) ☐ Other

11. Father's name | 12. Mother's name

13. Type of passport
☐ National passport ☐ Diplomatic passport ☐ Service passport ☐ Travel document (1951 Convention)
☐ Alien's passport ☐ Seaman's passport ☐ Other travel document (please specify)

. . . .

14. Number of passport | 15. Issued by

16. Date of issue | 17. Valid until

18. If you reside in a country or other than your country of origin, have you permission to return to that country?
☐ No ☐ Yes (number and validity) . . . .

*19. Current occupation

*20. Employer and employer's address and telephone number. For students, name and address of school.

21. Main destination | 22. Type of visa: ☐ Airport transit ☐ Short stay ☐ Transit ☐ Long stay | 23. Visa: ☐ Individual ☐ Collective

24. Number of entries requested
☐ Single entry ☐ Two entries ☐ Multiple entries

25. Duration of stay
Visa is requested for: . . . . days

26. Other visas (issued during the past three years) and their period of validity

27. In the case of transit, have you an entry permit for the final country of destination?
☐ No ☐ Yes, valid until . . . . Issuing authority:

*28. Previous stays in this or other Schengen states

For embassy/ consulate use only

Date application:

File handled by:

Supported documents:
☐ Valid passport
☐ Financial means
☐ Invitation
☐ Means of transport
☐ Health insurance
☐ Other:

Visa:
☐ Refused
☐ Granted
☐ Rejected

Characteristics of visa:
☐ LTV
☐ A
☐ B
☐ C
☐ D
☐ D+C

Number of entries:
☐ 1 ☐ 2 ☐ Multiple

Valid from . . . .

to . . . .

Valid for: . . . .

. . . .

*The questions marked with * do not have to be answered by family members of EU or EEA citizens (spouse, child or dependent ascendant). Family members of EU or EEA citizens have to present documents to prove this relationship.

MIGR 119031 Nilssons Tryckeri AB Bjärnum

Søknadsskjema for Schengen visum / Application for Schengen Visa

44 * I am aware of and consent to the following: any personal data concerning me which appear on this visa application form will be supplied to the relevant authorities in the Schengen States and processed by those authorities, if necessary, for the purposes of a decision on my visa application. Such data may be input into, and stored in, databases accessible to the relevant authorities in the various Schengen States.
At my express request, the consular authority processing my application will inform me of the manner in which I may exercise my right to check the personal data concerning me and have them altered or deleted, in particular, should they be inaccurate, in accordance with the national law of the State concerned.
I declare that to the best of my knowledge all particulars supplied by me are correct and complete.
I am aware that any false statements will lead to my application being rejected or to the annulment of a visa already granted and may also render me liable to prosecution under the law of the Schengen State which deals with the application.
I undertake to leave the territory of the Schengen States upon the expiry of the visa, if granted.
I have been informed that possession of a visa is only one of the prerequisites for entry into the European territory of the Schengen States. The mere fact that a visa has been granted to me does not mean that I will be entitled to compensation if I fail to comply with the relevant provisions of Article 5.1 of the Schengen Implementing Convention and am thus refused entry. The prerequisites for entry will be checked again on entry into the European territory of the Schengen States.

Dødelig informasjon	Jon-Ove Steihaug

Arnold Dreyblatts skulptur «Uskyldige Spørsmål» reiser et sett med ubehagelige spørsmål om forholdet mellom den rasjonalitet som preger det moderne og folkemord. Skulpturen står ved inngangen til det som var Vidkun Quislings førerbolig under den tyske okkupasjonen av Norge. Den forholder seg til en bygning som er hjemsøkt av en dyster krigshistorie, med et borgaktig preg og ornamentale detaljer som gir assosiasjoner til middelalder og nazistenes dyrkelse av det urnordiske. Huset som kalles Villa Grande, ble bygget som rikmannsvilla og sto delvis ferdig omkring 1920. Quisling overtok det i 1941 og gjorde det etter ombygging og innredning til sin residens, som leder av det nasjonalsosialistiske partiet NS og senere ministerpresident utnevnt av rikskommisær Josef Terboven. Quisling kalte det Gimle, som i norrøn mytologi er stedet hvor Tor og alle rettferdige sjeler skal leve lykkelig etter verdens undergang. Han ble arrestert i 1945 og dømt til døden for landsforræderi. Bygningen rommer således en dramatisk krigshistorie.

Dreyblatt gjør en radikal kunstnerisk intervensjon innfor dette symbolsk ladete krigsmonumentet. Skulpturen markerer samtidig stedets nye funksjon som senter for studier av Holocaust og livssynsminoriteter, dets grunnkapital stammer fra den norske statens erstatning for jødisk eiendom som ble inndratt under den tyske okkupasjonen. Med moderne high-tech speilglass, stål og elektronikk bryter Dreyblatts verk med bygningens tunge og

Powerful Information	Jon-Ove Steihaug

Arnold Dreyblatt's sculpture »Innocent Questions« raises a set of unpleasant questions about the relationship between the rationalism that characterizes modernity and genocide. The sculpture is installed at the entrance of what was previously Vidkun Quisling's residence during the German occupation of Norway. The work relates to a building haunted by a gloomy war story and with a fortress-like character and ornamental details that recall the Middle Ages and the Nazi cultivation of the Arian bloodline. The house is called Villa Grande, built as a mansion but abandoned and only partially completed around 1920. Quisling took over the house in 1941, making renovations and furnishing it as his residence, first as leader of the National Socialistic Party (NS) and later as appointed Minister-President by Imperial Commissioner Josef Terboven. Quisling christened the house »Gimle«, which in Norse mythology is the place where Tor and all just souls go to live when the world comes to an end. Quisling was arrested in 1945 and sentenced to death for treason. This is the dramatic war story of the building.

Dreyblatt makes a radical artistic intervention in this symbolic war monument. The sculpture also marks the new function of the residence as The Center for Studies of Holocaust and Religious Minorities, which is financed through the Norwegian government's reimbursement for Jewish property that was confiscated during the German occupation. In modern,

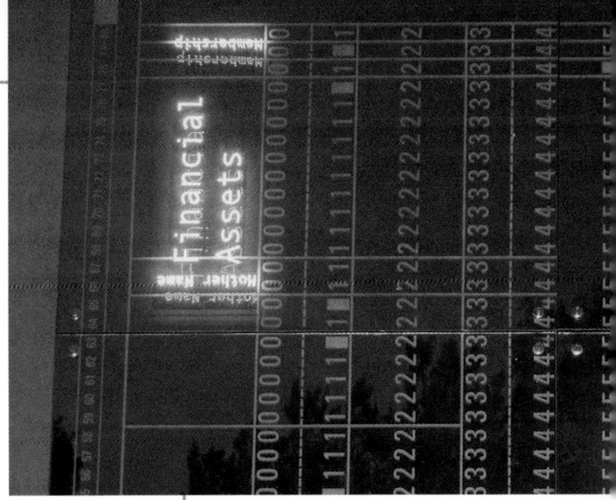

Arnold Dreyblatt, «Uskyldige Spørsmål» / »Innocent Questions«, 2006 (detalj / detail)

bastante preg. Skulpturens reflekterende glass løser opp arkitekturen og bringer det omkringliggende landskapet inn i kunstverket. Samtidig står verket der som et ubehagelig memento. Tilsynelatende uskyldige kategorier for personinformasjon som kjønn, navn, alder, adresse, sivil status, nasjonalitet, statsborgerskap, etnisk tilhørighet, religion lyser opp og forsvinner i et stadig skiftende elektronisk mønster. Jeg skal gå nærmere inn på denne offentlige skulpturen, måten den forholder seg til den spesielle konteksten og de fundamentale problemstillingene den bringer på banen.

Først noen ord om selve konstruksjonen som danner en vertikal vegg, ni meter høy og fem meter bred, tilknyttet til en nykonstruert branntrapp. Denne veggen forholder seg arkitektonisk til bygningens fasade og markante sentrale tårnbygg. Den er dekket av halvveis transparente speilglass og vender seg mot de besøkende som ankommer senteret, en elektronisk signalskjerm, med tre optiske sjikt som flyter i hverandre. Speilglasset reflekterer himmelen og de store trærne som omkranser bygningen. Gjennom glasset skinner en rekke ord i rødt fra LED-paneler som er montert på baksiden. Disse inngår i en grafisk struktur sandblåst i glasset, bestående av tallrekker og ruteinndelinger lik den type design man finner på hullkort.

I Dreyblatts verk blir informasjonsteknologiens grafiske struktur gjort til et monument. Skjermveggen illuderer et hullkort som er snudd på siden og reist opp som en skulptur. Det fremstår som en arkitektonisk konstruksjon, samtidig som det også oppleves som en virtuell

high-tech mirrored glass, steel, and electronics, Dreyblatt's work breaks with the building's heavy and forceful character. The sculpture's reflective glass loosens up the architecture and brings the surrounding landscape into the art work. At the same time, the work is an uncomfortable memento. Seemingly innocent categories for personal information such as gender, name, age, address, marital status, nationality, citizenship, race, religion light up and fade in a continually shifting electronic pattern. In the following I examine more closely this public sculpture, the way it relates to the unique context, and the fundamental problems it raises.

First some words about the construction, which forms a vertical wall, nine meters high and five meters wide and is connected to a newly built fire stair. This wall relates architecturally to the building's facade and distinctive central tower. The work's two-way mirrored glass faces the public as they arrive at the center, emitting signals on an electronic screen consisting of three intermingling optical layers. The mirrored glass reflects the sky and the large trees that surround the building. Words appear in red through the glass from LED panels that are mounted on the back. These are part of a graphic structure sandblasted in the glass consisting of numbers and grid sections like the design found on a punch card.

In Dreyblatt's work, the graphic structures of punch card information technology are made into a monument. The screen wall invites associations with a punch card that has been turned on its side and then raised as a sculpture. It is an architectural construction that is nonetheless experienced as a virtual and immaterial screen. The giant punch card must be

og immateriell skjerm. Det gigantiske hullkortet må leses med hodet på skakke. Tallrekkene og ordene føyer seg inn i skulpturens vertikale orientering. Enkelte av de lysende ordene står på hodet i forhold til betrakteren og forholder seg kun til skjemaets egen logikk. Dreyblatt har hentet de forskjellige kategoriene fra en rekke forskjellige spørreskjemaer, spredt både geografisk og i tid. Det dreier seg om «Spørreskjema for jøder i Norge» (1942), «Schengen Visa Questionnaire» (2004), «Non-Resident Alien Questionnaire» (USA, 2002) og «Asylum Application» (Sverige, 2001). I det de enkelte kategoriene lyser opp på den virtuelle skjermen, skapes det en bevegelse og rytme som synes å understreke ordenes aktivt klassifiserende funksjon. Den tilsynelatende nøytrale og objektive kategoriseringen som ligger til grunn for en slik innhenting av personlig informasjon, er ikke bare en passiv registrering, men den produserer identitet. Den utmeisler subjekter som i neste omgang kan identifiseres og kvantifiseres. Hullkortets rasjonale er basert på at alle hullposisjonene lar seg anordne en på forhånd bestemt kode, alt avhengig av hvilken informasjon som ønskes. En bestemt konfigurasjon av hull lar seg dermed avlese som meningsfulle data, og kan systematiseres og sammenstilles med et stort antall andre kort.

Dreyblatts elektroniske skulptur peker på det potensielt problematiske i denne typen informasjon. På et generelt plan representerer hullkortteknologien en form for instrumentell og positivistisk fornuft som gjør mennesker til objekter for en bestemt rasjonell prosedyre. Kanskje er det nettopp det

Side for myndighetenes notater, identitetskort, Vest-Tyskland / Page for entries by the authorities, identity card, West Germany, 1954

read by tilting the head. Rows of numbers and words dovetail with the sculpture's verticality. Some of the illuminated words are upside down in relation to the viewer and relate only to the logic of the screen. Dreyblatt has taken categories from a number of different questionnaires spread geographically and across time. These are »Questionnaires for Jews in Norway« (1942), »Schengen Visa Questionnaire« (2004), »Non-Resident Alien Questionnaire« (USA, 2002) and »Asylum Application« (Sweden, 2001). As the individual categories light up on the virtual screen, a movement and rhythm is created that seems to emphasize the classifying act that is the words' function. The seemingly neutral and objective categorization underlying the gathering of personal information is not just passive registration but produces identity. It chisels out subjects that may be identified and quantified in the next round. The punch card's rational is based on the way that all hole positions may be ordered according to a predetermined code, dependent on what information is desired. A specific configuration of holes may thus be read as meaningful data and be systemized and compared with a large number of other cards.

Dreyblatt's electronic sculpture points to potentially problematic aspects of this type of information. On a general level, punch card technology represents a form of instrumental and positivist thinking that renders human beings objects of specific rational procedures. Perhaps it is precisely the notion of neutral and value-free knowledge that makes it so potentially dangerous. More specifically, there are historical and contemporary examples of how this type

tilsynelatende nøytrale og verdifrie ved denne typen kunnskap som gjør den så potensielt farlig. Mer konkret finnes det både historiske og aktuelle eksempler på hvordan denne typen kunnskap om befolkninger har spilt en viktig rolle i forbindelse med etnisk rensing og folkemord. Helt aktuelt har Dreyblatt med henvisning til William Seltzers forskning, trukket frem hvordan det organiserte mordet på tutsier i Rwanda støttet seg på bruken av etnisitet som kategori på identitetskort, en praksis opprinnelig innført av den belgiske koloniadministrasjonen i 1933. Annetsteds i denne boken lister Seltzer opp en lang rekke eksempler på hvordan registrering av personer har vært brukt i forbindelse med etnisk rensing, folkemord eller andre overgrep mot minoriteter, bl.a. overfor samer og kvener i Norge i perioden 1845–1930.

Statistikk og folkemord

Et annet historisk eksempel på hvordan statistisk datasamling og folkemord går hånd i hånd er deportasjonen av jødene fra Norge i 1942. I oktober 1941 tok det tyske sikkerhetspolititet i Norge et initiativ for at legitimasjonspapirene til jødene skulle merkes med en rød «J». Politimestere og lensmenn rundt omkring i landet sørget for at dette ble gjennomført, samtidig som det ble opprettet en samlet fortegnelse over jøder i hvert distrikt. Uavhengig av dette utarbeidet Nasjonal Samlings Statistiske kontor like etter et såkalt «Spørreskjema for jøder i Norge». Dette skulle fylles ut i tre eksemplarer av alle som hadde fått stemplet identifikasjonspapirene sine med en «J». Med denne informasjonen lå veien ryddet for neste steg som var statspolitisjef Karl A. Martinsens ordre om at alle jødiske menn skulle arresteres

of knowledge of populations has played an important role in connection with ethnic cleansing and genocide. Dreyblatt points to current events by referring to William Seltzer's research, which reveals how the organized murder of Tutsies in Rwanda built on the use of ethnicity as a category on an identity card, a carryover from Belgian colonization administrative practice in 1933. In other parts of the book, Seltzer sums up a number of examples of how the registering of persons has been used in connection with ethnic cleansing, genocide and other attacks on minorities, including Norway's treatment of the Lapps and persons with Finnish ancestry in the years 1845–1930.

Statistics and Genocide

Another historical example of how gathering statistical data and genocide go hand in hand is seen in the deportation of the Jews in Norway in 1942. In an initiative in October 1941, the German secret police in Norway required Jews' identification papers to be marked with a red ›J‹. This was enforced by police captains and officers around the country, and a comprehensive list was made at the same time of the Jews in each district. Independent of this, the national census bureau (»Nasjonal Samlings Statistiske Kontor«) shortly after developed the »Questionnaire for Jews in Norway«. This was to be filled out in three copies by everyone who had a ›J‹ stamped on their identification papers. This information cleared the way for Head of Police Karl A. Martinsen to order that all Jewish men be arrested and imprisoned in October 26, 1942. At the same time, Jewish property was seized. One month later, on November 26, a new

og interneres 26. oktober i 1942. Samtidig ble jødisk eiendom inndratt. En måned senere, 26. november, organiseres en ny og mer omfattende politiaksjon, nå med det formål å deportere alle jøder ut av Norge på troppetransportskipet Donau. Statspolitiet utfører sitt oppdrag med upåklagelig effektivitet, basert på den detaljerte informasjon som var samlet om norske jøder. Dette seiler samme dag fra Oslo med 532 deporterte jøder ombord og ankommer Stettin noen dager senere. 1. desember er de deporterte fremme i Auschwitz og Birkenau. 8 av de 532 kom levende tilbake.

Informasjonen ovenfor er hentet fra en bok som på bevegende vis eksemplifiserer og konkretiserer de ubehagelige spørsmålene Dreyblatts verk reiser. Det dreier seg om en dokumentarisk fortelling om 18-år gamle jødiske Kathe Lasnik, bosatt i Oslo, som sammen med sin mor og far hentes av politiet og fraktes til det ventende Donau, og kort tid etterpå ender sitt liv i gasskammeret. Forfatteren Pål Espen Søbye som også er ansatt i Statistisk sentralbyrå, beskriver hvordan han sitter i det norske Riksarkivet og blar igjennom spørreskjemaene jødene måtte fylle ut i 1942, ut fra et ønske om å undersøke statistikkens rolle for deportasjonen av norske jøder. Han beskriver hvordan oppmerksomheten fanges av Kathe Lasniks skjema, en passasje som fortjener å siteres i sin helhet fordi den på så inntrengende vis berører noe av det «Uskyldige Spørsmål» dreier seg om:

> Jeg fant Kathe Lasniks skjema. Hun var skoleelev født 13. oktober 1927, og hadde levert skjemaet sitt seinere enn de andre, 16. november 1942, bare 14 dager før hun ble sendt i gasskammeret i Auschwitz.

and more comprehensive police action was staged with the goal of deporting all Jews out of Norway on the military transport ship Donau. The national police executed their mission with exemplary effectiveness based on detailed information that had been collected on Norwegian Jews. On the same day, five hundred and thirty-two deported Jews sailed from Oslo, arriving at Stettin a few days later. On December 1, the deportees arrived in Auschwitz and Birkenau. Only eight of the five hundred and thirty-two Jews returned alive.

The information above is taken from a book that movingly exemplifies and concretizes the uncomfortable questions that Dreyblatt's work raises. There is a documentary narrative about eighteen-year-old Jewish Kathe Lasnik, residing in Oslo, taken by the police along with her mother and father to the waiting Donau and shortly thereafter ending her life in the gas chamber. Author Pål Espen Søbye, who is also employed at Statistics Norway (»SSB«), describes himself sitting in the National Archives building and leafing through questionnaires that Jews had to fill out in 1942. He was investigating the role of statistics in the deportation of Norwegian Jews. He describes being caught up by Kathe Lasnik's questionnaire in a passage that deserves to be quoted in its entirety because it conveys so emphatically some of the issues addressed by »Innocent Questions«:

> I found Kathe Lasnik's form. She was a young student born on October 13th, 1927 and had delivered her form a bit later than most others, on November 16th, 1942 – just 14 days before she was sent to the gas chambers in Auschwitz. Why had she been so late in filling out the form? Could she have escaped

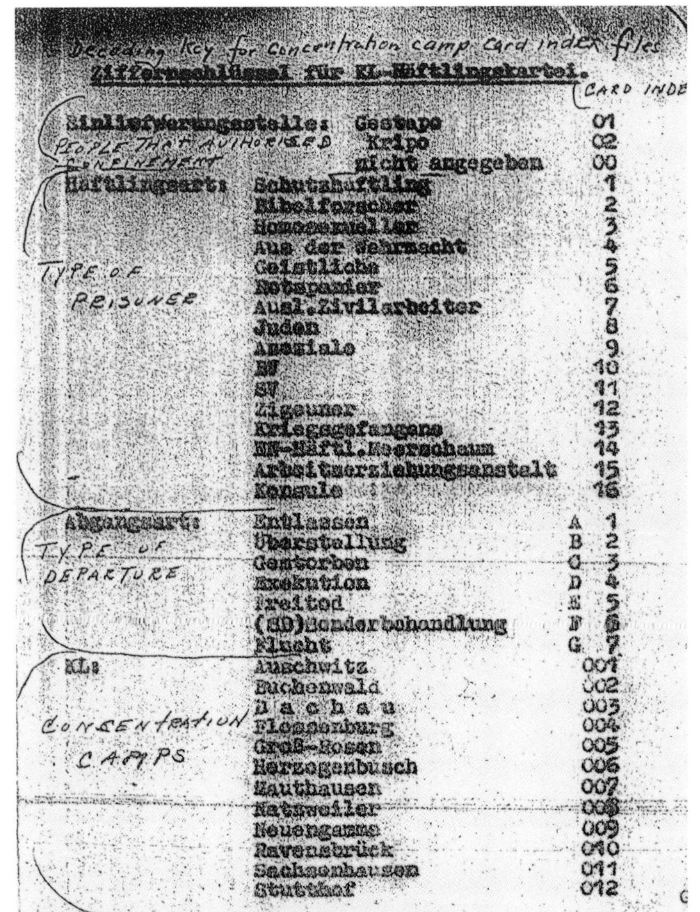

Decoding key for concentration camp card index files

Ziffernschlüssel für KL-Häftlingskartei.

CARD INDE

Einlieferungsstelle:	Gestapo	01
	Kripo	02
	nicht angegeben	00
Häftlingsart:	Schutzhäftling	1
	Bibelforscher	2
	Homosexueller	3
	Aus der Wehrmacht	4
	Geistliche	5
	Rotspanier	6
	Ausl.Zivilarbeiter	7
	Juden	8
	Asoziale	9
	BV	10
	SV	11
	Zigeuner	12
	Kriegsgefangene	13
	BV-Häftl.Meerschaum	14
	Arbeitserziehungsanstalt	15
	Konsule	16
Abgangsart:	Entlassen	A 1
	Überstellung	B 2
	Gestorben	C 3
	Exekution	D 4
	Freitod	E 5
	(SD)Sonderbehandlung	F 6
	Flucht	G 7
KL:	Auschwitz	001
	Buchenwald	002
	Dachau	003
	Flossenburg	004
	Groß-Rosen	005
	Herzogenbusch	006
	Mauthausen	007
	Natzweiler	008
	Neuengamme	009
	Ravensbrück	010
	Sachsenhausen	011
	Stutthof	012

PEOPLE THAT AUTHORISED CONFINEMENT

TYPE OF PRISONER

TYPE OF DEPARTURE

CONCENTRATION CAMPS

Koder på identitetskort som ble brukt til å organisere flytting av fanger i konsentrasjonsleirer / Codes found on identity cards were used to organize movement of concentration camp inmates

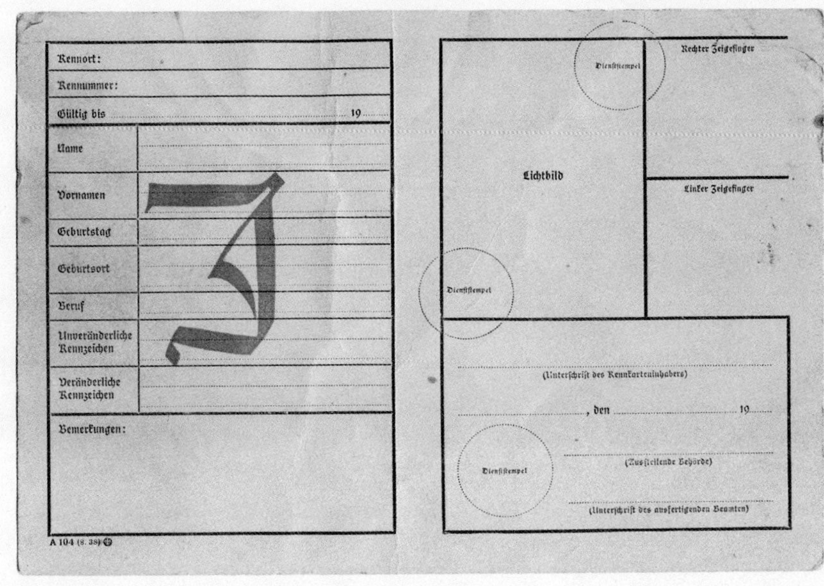

Kennort:

Kennummer:

Gültig bis .... 19....

Name

Vornamen

Geburtstag

Geburtsort

Beruf

Unveränderliche Kennzeichen

Veränderliche Kennzeichen

Bemerkungen:

A 104 (8. 38)

J

Dienststempel

Rechter Zeigefinger

Lichtbild

Linker Zeigefinger

Dienststempel

(Unterschrift des Kennkarteninhabers)

........................, den .... 19....

Dienststempel

(Ausstellende Behörde)

(Unterschrift des ausfertigenden Beamten)

«Judenkarten» for den jødiske befolkningen, Det tredje riket, 1940-tallet / »Judenkarte«, for the Jewish population, Third Reich, 1940's

Hvorfor hadde hun fylt ut skjemaet så seint? Kunne hun ha unngått deportasjonen hvis hun hadde latt være? Et av spørsmålene på skjemaet var «Når kom De til Norge?» Kathe Lasnik svarte: «Alltid vært i Norge». Hvorfor hadde hun skrevet akkurat det? Det framgikk av flere spørsmål lenger opp på skjemaet, om fødested og bopel, at hun alltid hadde bodd i Norge, og på spørsmålet om nasjonalitet hadde hun svart «norsk». Kathe Lasnik turte kanskje ikke å ta sjansen på det, tenkte jeg, derfor skrev hun «Alltid vært i Norge«. Da hun fylte ut «Spørreskjema for jøder i Norge» var de jødiske mennene arrestert, butikker og formuer var beslaglagt. Hun må ha svart «Alltid vært i Norge» fordi hun mente at det skulle beskytte henne. «Alltid vært i Norge» var en bønn: «Jeg er en av dere, der gjør vel ikke meg noe?» Men det gjorde de.[1]

De sparsomme opplysningene skjemaet gir om Kathe Lasnik gjør at forfatteren forsøker å finne mer ut om henne og hennes familie – for å kunne huske henne som noe mer enn bare et offer for jødeutryddelsen. Ut fra Søbyes tråling av dokumenter, skriftlige kilder og intervjuer med mennesker som kjente henne vokser det frem et finstemt portrett som ikke forsøker å dekke over alt det vi aldri vil kunne vite om Kathe Lasnik. I arkiver og personlige minner finnes det allikevel fragmenter av informasjon som tegner et skjørt riss av et ungt liv og en skjebnesvanger tid.

«Who's Who»

Måten Søbye nærmer seg Kathe Lasniks biografi har paralleller til et sentralt verkkompleks i Dreyblatts kunstneriske virke. I 1985 kjøpte han et nedstøvet eksemplar av

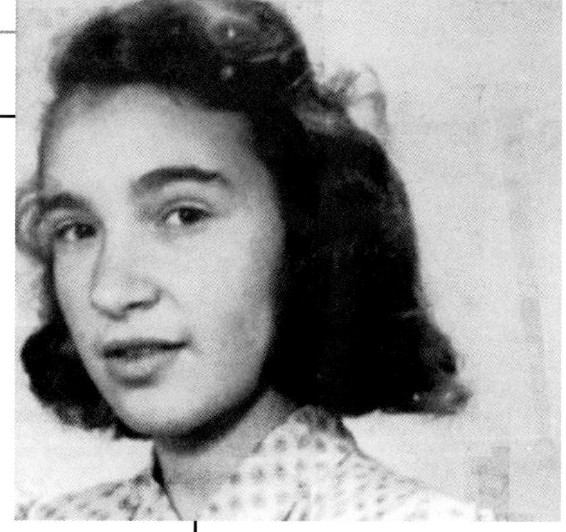

Kathe R. Lasnik, 1944

deportation altogether if she had refrained from doing it? One of the questions in the questionnaire was: »When did you arrive in Norway?« Kathe Lasnik replied: »Always lived in Norway.« Why had she written precisely that answer? It was quite clear from previous questions in the questionnaire relating to »Place of birth« and »Place of residence« that she had always been living in Norway. Furthermore, on the question about »Nationality«, she had answered »Norwegian.« Maybe Kathe Lasnik didn't want to take any chances, I wondered, and therefore wrote: »Always lived in Norway.« When she filled out the »Questionnaire for Jews in Norway«, all Jewish men had already been arrested and [their] businesses and assets had been confiscated. She must have answered, »Always lived in Norway,« because she thought this might help protect her. »Always lived in Norway« was a prayer: »I am one of you, you are not going to hurt me, are you?« Yet, that's precisely what they did.[1]

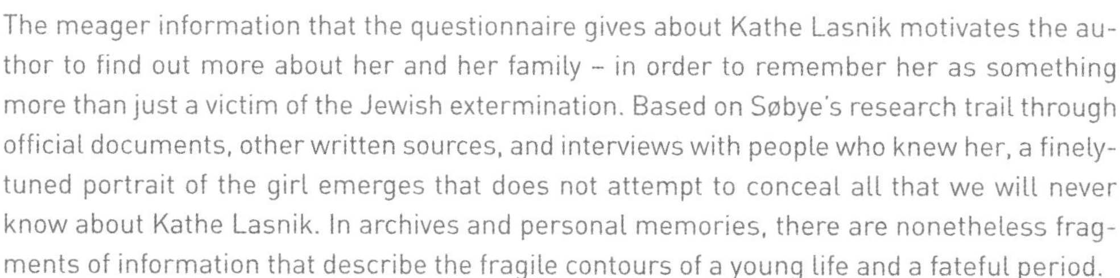

The meager information that the questionnaire gives about Kathe Lasnik motivates the author to find out more about her and her family – in order to remember her as something more than just a victim of the Jewish extermination. Based on Søbye's research trail through official documents, other written sources, and interviews with people who knew her, a finely-tuned portrait of the girl emerges that does not attempt to conceal all that we will never know about Kathe Lasnik. In archives and personal memories, there are nonetheless fragments of information that describe the fragile contours of a young life and a fateful period.

«Who's Who in Central and East Europe» (1933) i et antikvariat i Istanbul, fascinert av dette arkeologiske aktstykket fra en forgangen tid, med en gang kjente, nå for en stor del glemte, offentlige personers biografier. Etter å ha gjort et utvalg på rundt 700 biografier la Dreyblatt informasjonen inn i en database ut fra bestemte begreper og nøkkelord. Et hypertekst-program gjorde det mulig å forbinde disse informasjonene til en kompleks informasjonsarkitektur. Dette materialet dannet grunnlaget for hans multimedieopera «Who's Who in Central and East Europe 1933». Denne ble uroppført i Berlin i 1991 og deretter fremført i en rekke europeiske byer. Den restrukturerte informasjonen fra «Who's Who» har også blitt publisert i bokform.[2] Materialet har også dannet utgangspunkt for en rekke kollektive leseperformances. Med hundrevis av inviterte deltagere og en kompleks logistikk antar disse lesningene karakter av nærmest rituelle høytlesninger og iscenesettelser av kollektiv erindring – et monument for alle de nå døde og glemte («Memory Arena», 1995; «The Memory Project», 1998; «The Reading Room», 2001). Det finnes en viktig indirekte forbindelse mellom dette arbeidet med å få en død masse av biografisk informasjon i tale og den henspilling på hullkortteknologi og innsamling av personinformasjon som «Uskyldige Spørsmål» kretser omkring. Der hvor hans «Who's Who»-arbeid dreier seg om hvordan informasjon kan danne grunnlag for en kulturell erindring,

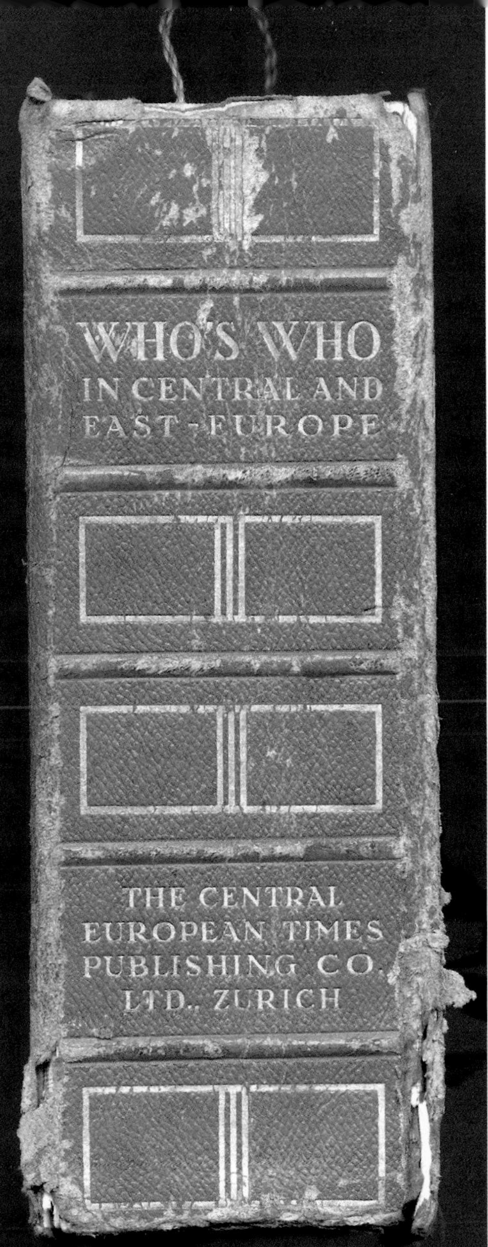

«Who's Who in Central & East Europe», Zürich, 1933

»Who's Who«

The way that Søbye approaches Kathe Lasnik's biography has parallels with a central group of works in Dreyblatt's artistic production. In 1985, Dreyblatt purchased a dusty copy of »Who's Who in Central and East Europe« (1933) in an antique bookstore in Istanbul, and he became fascinated by this archeological find with biographies of known but now largely forgotten public persons. After selecting approximately seven hundred biographies, Dreyblatt entered the information in a database using specific concepts and keywords. A hypertext program enabled him to link this information to a complex information structure. This material served as the basis for his multimedia opera »Who's Who in Central and East Europe 1933«. This had its premiere in Berlin in 1991, and was then performed in a number of European cities. The restructured information from the work »Who's Who« has also been published in book form.[2] The material has also served as point of departure for a number of collective reading-performances. Involving hundreds of invited participants and complex logistics, these readings assume the character of almost ritual readings and stagings of collective remembrances, a monument for all of the dead and forgotten (»Memory Arena«, 1995; »The Memory Project«, 1998; »The Reading Room«, 2001). There is an important, indirect connection between engaging in discourse with a dead mass of biographical information and the allusions to punch card technology and the collection of personal data made by »Innocent Questions«. While »Who's Who« takes

peker «Uskyldige Spørsmål» på den potensielt dødelige effekten av innhenting av personlig informasjon.

Vi skal kaste et siste blikk på den moderne rasjonalitet Dreyblatts skulptur inkarnerer med sin henvisning til hullkortteknologiens kodifisering av personlig informasjon. Dreyblatt er slik jeg forstår det helt på linje med den tese som den polsk-engelske sosiologen Zygmunt Bauman har kastet frem i sin analyse av Holocaust og det moderne. For Bauman representerer ikke Holocaust et brudd med sivilisasjon, men må tvert imot forstås som en logisk følge av bestemte trekk ved vår modernitet, ikke minst den byråkratiske og instrumentelle rasjonalitet den er basert på. Holocaust ble muliggjort av vår rasjonelle moderne verden og kan iflg. Bauman forstås som en «rare, but significant and reliable, test of the hidden possibilites of modern society».[3]

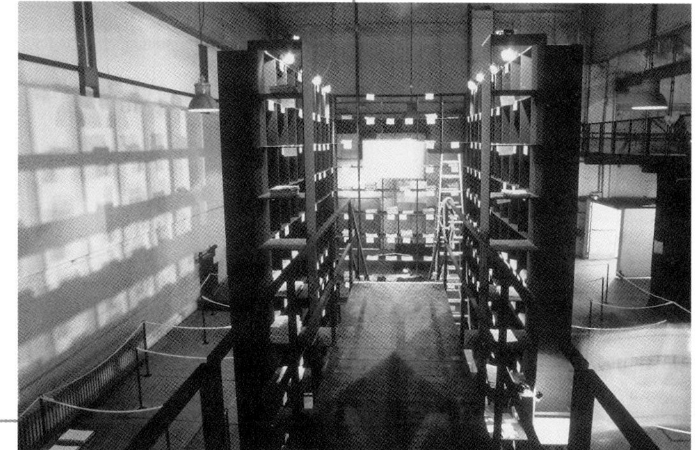

> The light shed by the Holocaust on our knowledge of bureaucratic rationality is at its most dazzling once we realize the extent to which **the very idea of the Endlösung was an outcome of the bureaucratic culture** [...] This is not to suggest that the incidence of the Holocaust was **determined** by modern bureaucracy or the culture of instrumental rationality it epitomizes [...] I do suggest, however, that the rules of instrumental rationality are singularly incapable of preventing such

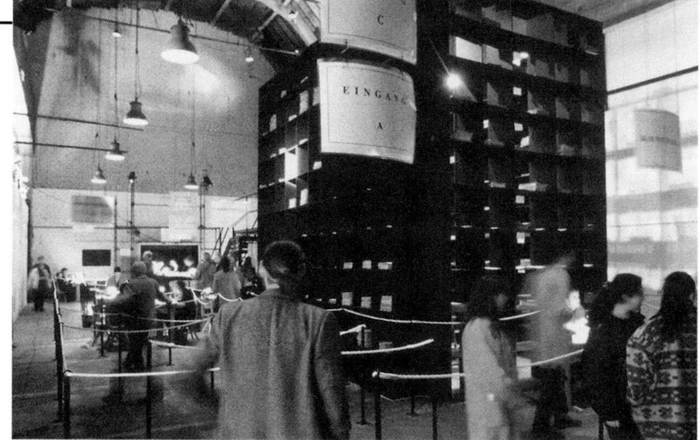

Arnold Dreyblatt, «Memory Arena», Archive, Kampnagel, Hamburg, 1995

up how information may serve as a foundation for cultural remembering, »Innocent Questions« points to the potentially lethal consequences of collecting personal information.

We return once more to the modern rationality that Dreyblatt's sculpture embodies through its reference to the codification of personal information by punch card technology. As I understand it, Dreyblatt is in accord with the thesis put forth by the Polish-English sociologist Zygmunt Bauman in his analysis of the Holocaust and modernity. For Bauman, the Holocaust does not represent a break with civilization but a logical consequence of specific characteristics of our modernity, not least the bureaucratic and instrumental rationalism on which it is based. The Holocaust was made possible by our rational, modern world, and according to Bauman it may be understood as a »rare, but significant and reliable, test of the hidden possibilities of modern society.«[3]

> The light shed by the Holocaust on our knowledge of bureaucratic rationality is at its most dazzling once we realize the extent to which **the very idea of the Endlösung was an outcome of the bureaucratic culture** [...] This is not to suggest that the incidence of the Holocaust was **determined** by modern bureaucracy or the culture of instrumental rationality it epitomizes [...] I do suggest, however, that the

phenomena; that there is nothing in those rules which disqualifies the Holocaust-style method of «social-engineering» [...] And I also suggest that it was the spirit of instrumental rationality, and its modern, bureaucratic form of institutionalization, which had made the Holocaust-style solutions not only possible, but eminently «reasonable» [...][4]

Dette dypt urovekkende perspektivet angir det brennpunkt hvor «Uskyldige Spørsmål» plasserer seg – usentimentalt, uten bruk av store ord eller fakter og med et perspektiv som også kaster lys inn i vår egen samtid.

1 Pål Espen Søbye, **Kathe, alltid vært i Norge**, Oslo 2005, s. 7–8.
2 Arnold Dreyblatt, **Who's Who in Central and East Europe 1933. Eine Reise in den Text**, Berlin 1995.
3 Zygmunt Bauman, **Modernity and the Holocaust**, Cambridge 1989, s. 12.
4 Op.cit., s. 15–18.

rules of instrumental rationality are singularly incapable of preventing such phenomena; that there is nothing in those rules which disqualifies the Holocaust-style method of »social-engineering« [...] And I also suggest that it was the spirit of instrumental rationality, and its modern, bureaucratic form of institutionalization, which had made the Holocaust-style solutions not only possible, but eminently »reasonable« [...][4]

This deeply disturbing view situates the focal point of »Innocent Questions« – unsentimentally, without grand words or facts, and with a perspective that also casts a light on our own times.

1 Pål Espen Søbye, **Kathe, alltid vært i Norge (Kathe, Always lived in Norway)**, Unpublished English translation, Oslo 2003.
2 Arnold Dreyblatt, **Who's Who in Central and East Europe 1933. Eine Reise in den Text**, Berlin 1995.
3 Zygmunt Bauman, **Modernity and the Holocaust**, Cambridge 1989, p. 12.
4 Op.cit., pp. 15–18.

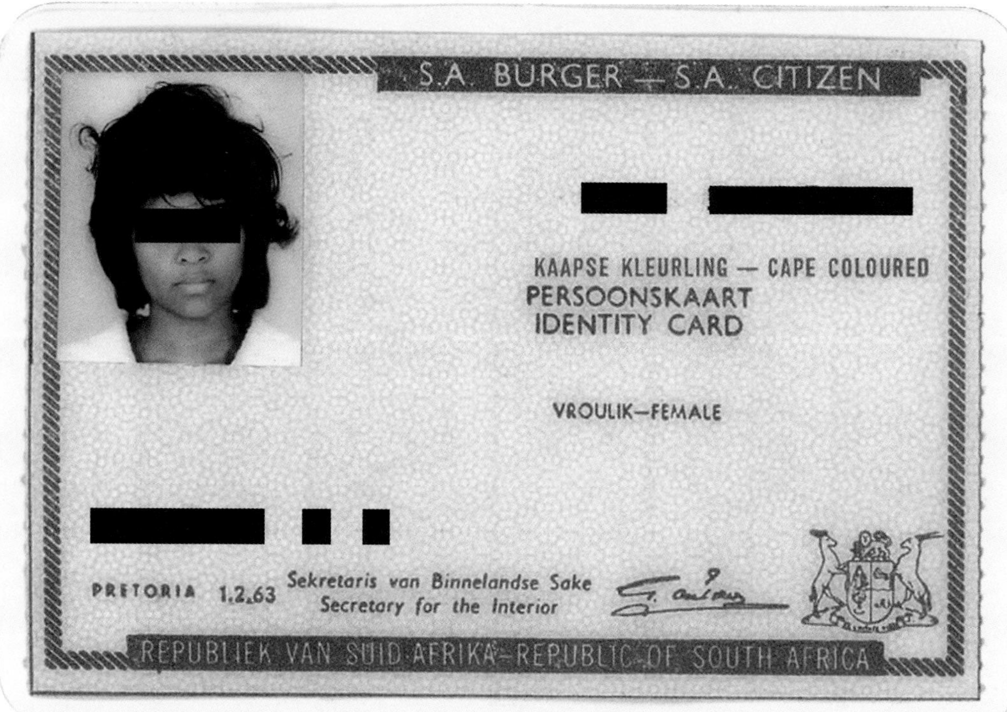

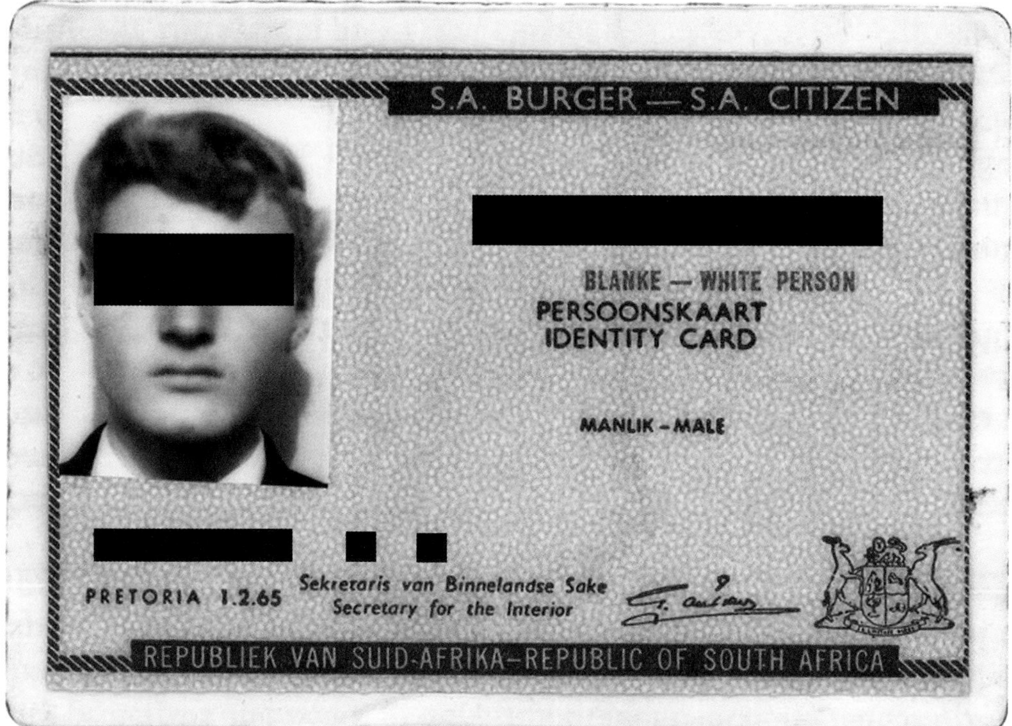

Identitetskort fra apartheidtiden som viser rassistisk klassifikasjon, Sør-Afrika / Apartheid-era identity cards showing racial classification, South Africa

Historisk bakgrunn og noen aktuelle betenkeligheter	William Seltzer

Demografisk og økonomisk statistikk er viktig for regjeringer, beslutningstakere og befolkninger generelt. En strøm av aktuell, troverdig og relevant kvantitativ informasjon er viktig for velgere, byråkrater og politiske ledere i sivile samfunn, og slike data gir godt grunnlag for beslutninger, offentlig administrasjon og praktisk orientert forskning. For å fremskaffe slike data har de fleste land etablert nasjonale statistikkbyråer, med stab bestårende av eksperter på statistikk og tilliggende fagområder.

Innhenting av den informasjonen man ønsker, er til syvende og sist avhengig av frivillig deltakelse av innbyggerne – om den skjer gjennom intervjuer, utfylling av skjemaer eller informasjon som må oppgis til ulike myndighetsorganer. De grunnleggende elementene i de fleste demografiske studier er alder, kjønn, utdanning, og kanskje noe om arbeidsforhold, inntekt og fruktbarhet. Informasjon om navn, familieforhold og bosted hentes også vanligvis inn med det formål å få oversikt over, og kontroll med, selve datainnsamlingen, selv om de to siste elementene også kan brukes til å lage viktige oversikter. Isolert sett, og i de fleste tilfeller, baserer innsamlingen av denne informasjonen, og dens anvendelse i statistikk og analyser, seg på genuint «uskyldige spørsmål.»

Dessverre er det ikke alltid slik. Informasjonen som hentes inn tillater også ofte identifisering av sårbare minoritetsgrupper, ut fra rase, religion, etnisitet, språk eller lignende. Og

Historical Background and Some Current Concerns	William Seltzer

Population and economic statistics are important for governments, policy makers, and the people themselves. A flow of timely, reliable, and relevant quantitative information is important for voters, civil servants, and political leaders in a civil society. Such data help in decision-making, sound administration, and scientific and policy-oriented research. To obtain these data most countries have established national statistical agencies staffed by trained specialists in statistics and related fields.

Ultimately public cooperation is required for the needed information to be obtained – whether in responses to an interview, the completion of a form, or by providing information to the administrative authorities. The basic items needed for most demographic studies include age, sex, educational attainment, and perhaps something about labor force activity, income, and fertility. Information on name, family relationship, and address is also usually obtained to help in the supervision and control of the data gathering operations, although the latter two items can also be used in making important tabulations. Taken by themselves and in most circumstances, the collection of such information and its use to generate statistical tabulations and analysis truly involves »innocent questions«.

Unfortunately, this is not always the case. Particularly when information is also obtained that permits the identification of vulnerable population sub-groups through questions on

spesielt i perioder hvor statene er preget av turbulens eller autoritære styresett, har resultatene ved flere anledninger blitt misbrukt av staten eller makthaverne til identifikasjon og handlinger ovenfor sårbare befolkningsgrupper eller individer. Noen ganger har overgrep blitt gjort ved hjelp av slik informasjon, overgrep som har utartet til folkemord, forbrytelser mot menneskeheten og tvangsmigrasjon. I slike tilfeller er bruken av befolkningsstatistikk langt fra uskyldig.

Omfanget av disse overgrepene er kortfattet presentert i tabellen under. En tidligere versjon av tabellen ble presentert av Seltzer og Anderson [2003] med følgende kommentar:

«Vi vil legge vekt på at blant de nevnte tilfellene [...] var stor variasjon i hvor alvorlige konsekvensene var for de identifiserte og utskilte individene og gruppene. I noen tilfeller var denne utskillelsen del av et program for folkemord, i andre tilfeller var de potensielle konsekvensene langt mindre alvorlige. Noen av eksemplene dokumenterer gjennomførte aksjoner, i andre tilfeller ble ikke slike intensjoner implementert. [...] Overgrepene som er oppført her [...] har to ting felles: (1) de har gjort bruk av befolkningsregistre som enten inngikk i den nasjonale statistikken, eller som var bygget opp i regi av nasjonale statistiske myndigheter; og (2) i hvert tilfelle var det et eksplisitt eller implisitt mål å identifisere spesifikke grupper. Vår begrunnelse for å bruke en så bred definisjon er enkel. Tatt i betraktning hvor alvorlige noen av disse tilfellene har vært, både for befolkningsgruppene, de statistiske forskningsprogrammene, byråene og den involverte staben, mener vi at en fullstendig gjennomgang av eksemplene er nødvendig for å forsikre om at vi har gjort alt vi kan for å unngå nye misbruk fra nasjonale eller lokale myndigheter.»

race, religion, ethnicity, language, or similar topics and particularly during periods of national stress or tyranny, the results have sometimes been used by the State or those in power to target vulnerable population subgroups (or individuals) for adverse action, including human rights abuses. On occasion, such abuses have included such crimes as genocide, crimes against humanity, and forced migration. In these circumstances the use of population data systems is far from innocent.

The scope of these abuses is presented, in highly summarized form, in the table below. In presenting an earlier version of this table, Seltzer and Anderson [2003] commented:

»We would stress that among the cases listed [...] there was a wide range in severity of the consequences for the individuals and groups so targeted or identified. In some cases, targeting was part of a genocidal program. In other cases, the potential consequences were far less grave. Also some of the instances cited were fully implemented examples of targeting, while other represent intentions that were never fully implemented. [...] [T]he cases listed [...] do have two features in common: (1) they involve a population data system that was part of the national statistical system, or was created under the auspices of the national statistical authorities; and (2) in each case targeting was attempted or was an explicit or implicit goal. Our justification for using such a broad definition is simple. In view of the gravity of some of the examples, both for those targeted and for the statistical programs, agencies, and staffs involved, we consider that full exploration of the historical record is important so that we can assure that we have done all we can to avoid any new misuse by national or local governments.«

REPUBLIQUE RWANDAISE
MINISTERE DU PLAN
SERVICE STATISTIQUE
GIKONGORO

Répartition de la Population par Sexe, Ethnie et par Secteur Administratif
au 3I/I2/I9. . . . .
COMMUNE DE. . . . .

Secteur	Sexes M	Sexes F	Total	Hutu M	Hutu F	Total	Tutsi M	Tutsi F	Total	Twa M	Twa F	Total	Natur. M	Natur. F	Tot.	Totaux
I.																
2.																
3.																
4.																
5.																
6.																
7.																
8.																
9.																
IO.																
II.																
I2.																
I3.																
I4.																
I5.																
s/total																
TOTAL																

Fait à. . . . . le. . . . .
Le Bourgmestre de la Commune

Regionalt folkeregister som viser etnisk tilhørighet før folkemordet i Rwanda /
Pre-Genocide District Population Register, identifying ethnic afffiliation in Rwanda

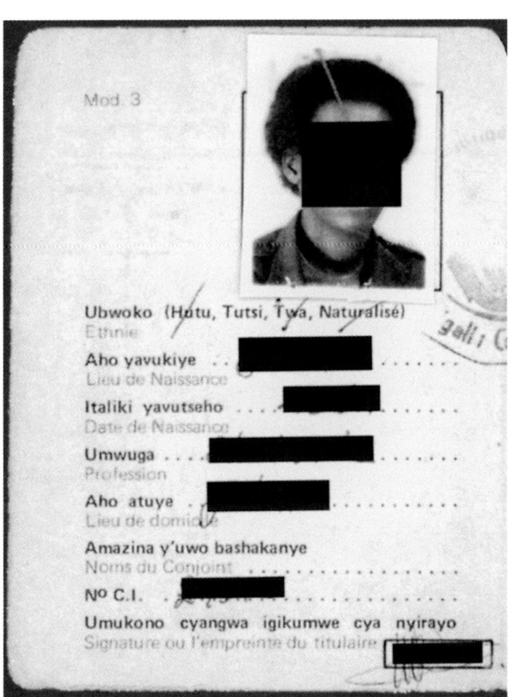
Mod. 3

Ubwoko (Hutu, Tutsi, Twa, Naturalisé)
Ethnie

Aho yavukiye . . . .
Lieu de Naissance

Italiki yavutseho . . . .
Date de Naissance

Umwuga . . . .
Profession

Aho atuye . . . .
Lieu de domicile

Amazina y'uwo bashakanye
Noms du Conjoint . . . .

Nº C.I. . . . .

Umukono cyangwa igikumwe cya nyirayo
Signature ou l'empreinte du titulaire

Identitetskort som viser etnisk tilhørighet før folkemordet i Rwanda /
Pre-Genocide idenity card, identifying ethnic affiliation in Rwanda

Tabellen viser 18 tilfeller. Som det fremgår, har forsøk på å misbruke, og faktisk misbruk av, demografiske data for å identifisere sårbare befolkningsgrupper, foregått både i totalitære og demokratiske land. Misbruket i de demokratiske landene har riktignok først og fremst skjedd i perioder der de har befunnet seg i spesielt vanskelige situasjoner. Bruddene på menneskerettighetene har også hatt en tendens til å være mildere i demokratiske enn i totalitære land. I 8 av de 18 nevnte tilfellene ble vanlige folkeregistre benyttet, i 8 tilfeller brukte man regulære folketellinger (normalt utført hvert tiende år), og i 4 tilfeller spesialtellinger. Andre, uspesifiserte systemer ble brukt i 2 av tilfellene. (Summen overstiger 18 fordi man i flere av tilfellene brukte mer enn ett system). Mer informasjon om hvert tilfelle finnes i kildene. I tillegg gir Seltzer og Anderson [2001, 2003] samt Seltzer [2005a] mer informasjon om hvert av eksemplene.

Når det gjelder geografisk omfang, er alle verdens regioner representert, utenom Latin-Amerika og Vest-Asia. Det er usikkert om denne geografiske variasjonen gir uttrykk for en reell forskjell i regionale erfaringer, eller skyldes manglende forskning på bruken av demografisk statistikk i disse to regionene.

Eksemplene viser tydelig at folkeregistre av forskjellige slag utgjør en stor potensiell trussel. Gjennom årenes løp er folkeregistre blitt brukt i velkjente og grove overgrep mot menneskerettighetene, som det jødiske Holocaust i Nederland (over 70 prosent av de fastboende nederlandske jødene ble drept), apartheid i Sør-Afrika, kulturrevolusjonen i Kina og folkemordet i Rwanda i 1994.

This table now lists 18 cases. As is clear from this listing, efforts to misuse population data systems to target vulnerable population subgroups, along with actual misuse have occurred in both totalitarian and democratic countries, although in democratic societies such misuses tended to occur primarily in times of national stress. Moreover, the ensuing human rights abuses tended to be milder in democratic than in totalitarian states. Population registration systems were involved in 8 of the 18 cases listed, regular decennial censuses in 8 cases, special censuses in 4 cases, and other or unspecified systems were involved in 2 cases. (The numbers total to more than 18 because in several of the cases listed, more than one data system was used in the targeting.) For more details about the individual episodes, see the individual sources cited. In addition, Seltzer and Anderson [2001, 2003] and Seltzer [2005a] provide some information about each of the listed events.

In terms of geographical scope, all regions of the world are represented, except Latin America and Western Asia. It is not clear whether this geographic variation represents a real difference in regional experience or is an artifact of the limited research on the use population data systems for targeting in these two regions.

Although the possibility of targeting based on population censuses frequently receives much attention in the press, the record seems to be clear that population registers are an equal if not greater potential threat. Over the years population registers were associated with such well-known gross abuses of human rights as the Jewish Holocaust in the Netherlands

De gruppene som ble identifisert i de opplistede eksemplene inkluderer rase- eller etnisk identifiserbare minoriteter (jøder, sigøynere, samer, kvener, tutsier, japanske amerikanere og arabiske amerikanere), språklige minoriteter (tysktalende i Ungarn i 1945 og 1946), urbefolkninger (australske og amerikanske urinnvånere), ufrie (de afrikanske og «fargede» innbyggerne i Sør-Afrika), utstøtte basert på sosial bakgrunn («dårlig» samfunnsklasse i det maoistiske Kina), juridisk utskilte grupper (militærnektere i USA under første verdenskrig), samt folk som er mistenkt for å være terrorister (USA etter 11. september, 2001).

Det kan være verdt å legge merke til at de to nyeste eksemplene på listen handler om tiltak som skal gi nytte i «krigen mot terror», men denne typen bruk kan bare tjene til å bringe statlige statistikkbyråer i miskreditt, og dermed redusere befolkningens vilje til å svare ærlig og redelig på de uskyldige spørsmålene.

Poenget er ikke at innsamling og bruk av demografisk statistisk materiale bør motvirkes. Snarere dreier det seg om å minne oss alle – både det vanlige publikum, lovgivende politikerne, samt ledelse og ansatte i statistikkbyråer – om at vi alle bærer et stort ansvar for å sikre at bruken av vår statlige statistikk ikke misbrukes slik det er dokumentert under.

(over 70 percent of the resident Dutch Jews killed), Apartheid in South Africa, the Cultural Revolution in China, and the 1994 Rwandan genocide.

The targeted groups in the 18 episodes listed included racial and ethnic minorities (Jews, Roma, Samis, Kvens, Tutsi, Japanese Americans, and Arab Americans), lingual minorities (German speakers in Hungary in 1945 and 1946), indigenous populations (Australian Aborigines and Native Americans), subject populations (the African and »Colored« populations in South Africa), socially defined out casts (those from a »bad« social class in Maoist China), and legal out casts (suspected draft registration violators in the United States in World War I and suspected terrorists in the United States after 9/11).

It may be noted that the two most recent instances listed in the table refer to efforts that appear to be directed at aiding in the »war against terrorism«. Such uses can only serve to discredit national statistical systems and the public's motivation to respond fully and accurately to their innocent questions.

The point here is not to discourage the collection and use of population statistics. Rather, it is to remind us all – the general public, legislative leaders, and the leadership and staffs of national statistical agencies – that we all carry a heavy obligation to ensure that our national statistical systems are not diverted from their legitimate purposes to the kinds of misuse portrayed here. We all have a continuing responsibility to guard against such misuses.

Tabell 1. Liste over tilfeller der befolkningsregistre har blitt brukt til å identifisere og skille ut individer eller sosiale undergrupper, og der faktiske overgrep har skjedd eller har vært seriøst vurdert.

[Tidsperiodene og målgruppene refererer kun til det som er oppgitt i kildene.]

Table 1. List of Cases Where Population Data Systems Have Been Used to Target Individuals or Population Subgroups, Where Such Efforts Were Initiated, or Where Such Targeting Has Been Seriously Contemplated.

[The time periods and intended targets specified refer only to those studied in the sources cited.]

Sted / Place	**Tidsperiode** / Time period	**Identifiserte individer eller grupper** / Targeted individuals or groups	**Involverte datasystemer** / Data systems involved	**Menneskerettighetsbrudd eller antatt statlig intensjon** / Human rights violation or presumed state intension	**Kilde** / Source
Australia / Australia	19. århundre og tidlig 20. århundre / 19th and early 20th centuries	Aboriginer / Aborigines	Folkeregister / Population registration	Tvungen migrasjon, elementer av folkemord / Forced migration, elements of genocide	Kraly and McQuilton, 2002
Kina / China	1966–1976	Folk med gal klassebakgrunn under Kulturrevolusjonen / Bad-class origin during cultural revolution	Folkeregister / Population registration	Tvungen migrasjon, oppildning av massene til å bruke vold / Forced migration, instigated mob violence	Qin, 2004
Frankrike / France	1940–1944	Jøder / Jews	Folkeregister, spesialtellinger / Population registration, special censuses	Tvungen migrasjon, folkemord / Forced migration, genocide	Rémond, 1996; Seltzer, 1998
Tyskland / Germany	1933–1945	Jøder, sigøynere og andre / Jews, Roma, and others	Flere / Numerous	Tvungen migrasjon, folkemord / Forced migration, genocide	Seltzer, 1998

Sted / Place	Tidsperiode / Time period	Identifiserte individer eller grupper / Targeted individuals or groups	Involverte datasystemer / Data systems involved	Menneskerettighetsbrudd eller antatt statlig intensjon / Human rights violation or presumed state intension	Kilde / Source
Ungarn / Hungary	1945–1946	Tyske statsborgere og de som oppga tysk som morsmål / German nationals and those reporting German mother tongue	Folketelling i 1941 / 1941 Population Census	Tvungen migrasjon / Forced migration	Gal, 1993
Nederland / Netherlands	1940–1944	Jøder og sigøynere / Jews and Roma	Folkeregister / Population registration system	Tvungen migrasjon, folkemord / Forced migration, genocide	Seltzer, 1998
Norge / Norway	1845–1930	Samer og kvener / Samis and Kvens	Folketellinger / Population Censuses	Etnisk rensing / Ethnic cleansing	Lie, 2002
Norge / Norway	1942–1944	Jøder / Jews	Spesialtellinger og forsøk på folkeregister / Special census and proposed population registration	Folkemord / Genocide	Seltzer, 1998; Søbye, 1998
Polen / Poland	1939–1943	Jøder / Jews	Primært folketellinger / Primarily special censuses	Folkemord / Genocide	Seltzer, 1998
Romania / Romania	1941–1943	Jøder og sigøynere / Jews and Roma	Folketelling 1941 / 1941 Population Census	Tvungen migrasjon, folkemord / Forced migration, genocide	Black, 2001
Rwanda / Rwanda	1994	Tutsier / Tutsi	Folkeregister / Population registration	Folkemord / Genocide	Des Forges, 1999
Sørafrika / South Africa	1950–1993	Afrikansk og «farget» befolkning / African and »Colored« populations	Folketelling 1951 og folkeregister / 1951 Population Census and population register	Apartheid, fjerning av stemmerett / Apartheid, voter disenfranchment	McNeil, 2002

Sted / Place	Tidsperiode / Time period	Identifiserte individer eller grupper / Targeted individuals or groups	Involverte datasystemer / Data systems involved	Menneskerettighetsbrudd eller antatt statlig intensjon / Human rights violation or presumed state intension	Kilde / Source
USA / United States	19. århundre / 19th century	Amerikansk urbefolkning / Native Americans	Spesialtellinger, folkeregistre / Special censuses, population registers	Tvungen migrasjon / Forced migration	Seltzer, 1999
USA / United States	1917	Militærnektere / Suspected draft law violators	Folketelling 1910 / 1910 Census	Etterforskning og straffeforfølgelse av de som ikke registrerte seg / Investigation and prosecution of those avoiding registration	Seltzer and Anderson, 2003
USA / United States	1941–1945	Japanske amerikanere / Japanese Americans	Folketelling 1940 / 1940 Census	Tvungen migrasjon og internering / Forced migration and internment	Seltzer and Anderson, 2000, 2003
USA / United States	2001–fortsetter / 2001–continues	Terrorist-mistenkte / Suspected terrorists	Undersøkelser og administrative data samlet av National Center for Education Statistics / Surveys and administrative data gathered by the National Center for Education Statistics	Etterforskning og straffeforfølgelse av innenlandske og internasjonale terrorister / Investigation and prosecution of domestic and international terrorists	Seltzer and Anderson, 2002
USA / United States	2003	Arabiske amerikanere / Arab Americans	Folketelling 2000 / 2000 Census	Ukjent: I følge U.S. Department of Homeland Security er formålet «å vurdere behovet for skilting på flyplasser.» / Unknown; stated purpose according to the U.S. Department of Homeland Security »to determine needs for airport signage.«	El Badry and Swanson, under trykking; Seltzer, 2005b / El Badry and Swanson, forthcoming; Seltzer, 2005b
Sovjetunionen / USSR	1919–1939	Minoriteter / Minority populations	Ulike folketellinger / Various population censuses	Tvungen migrasjon, straff for andre alvorlige forbrytelser / Forced migration, punishment of other serious crimes	Blum, 2000

Referanser til Historisk bakgrunn og noen aktuelle betenkeligheter /
References to Historical Background and Some Current Concerns

Edwin Black, **IBM and the Holocaust: The Strategic Alliance Between Nazi Germany and America's Most Powerful Corporation,** New York 2001. ___ Alain Blum, **Stalinism and Population Statistics, Paper presented at the Annual Meeting of the Population Association of America,** Los Angeles 2000. ___ Alison Des Forges, **Leave None to Tell the Story,** New York: Human Rights Watch 1999. ___ Samia El Badry and David Swanson, **Controversy over Providing Special Census Tabulations to Government security agencies in the United States: the Case of Arab Americans,** in: Government Information Quarterly, Forthcoming 2006. ___ Susan Gal, **Diversity and Contestation in Linguistic Ideologies: German Speakers in Hungary,** in: Language in Society 22:1993, pp. 337–359. ___ Ellen Percy Kraly and John McQuilton, **The ›Protection‹ of Aborigines in Colonial and Early Federation Australia: The Role of Population Data Systems,** Paper prepared at the First International Conference on Population Geographies, University of St. Andrews, St. Andrews, Scotland 2002. ___ Einar Lie, **Numbering the Nationalities: Ethnic Minorities in Norwegian Population Censuses 1845–1930,** in: Ethnic and Racial Studies, Vol. 25, No. 5 (September 2002), pp. 802–822. ___ Melissa McNeil, Term paper prepared for the course: **Uses/Abuses of Government Population, Social, and Economic Data,** Fordham University, Graduate School for the Arts and Sciences, Spring semester 2002. ___ Dan Qin, Term paper prepared for the course: **Demography, Human Rights, and Ethics.** Fordham University, Graduate School for the Arts and Sciences, Autumn semester 2004. ___ René Rémond et al., **Le ›Fichier Juif‹,** Rapport de la Commision présidée par René Rémond au Premier Ministre. Paris: Plon éditeur 1996. ___ William Seltzer, **Population Statistics, the Holocaust, and the Nuremberg Trials,** in: Population and Development Review, 24:3 (September 1998), pp. 511–552.* ___ **Excluding Indians Not Taxed: Federal Censuses and Native-American in the 19th Century,** Paper presented at the 1999 Joint Statistical Meetings, Baltimore, MD. A shorter version in: Proceedings of the Government and Social Statistics Section, American Statistical Association, Alexandria, VA 1999, pp. 161–166.* ___ **On the Use of Population Data Systems to Target Vulnerable Population Subgroups for Human Rights Abuses,** in: Coyuntura Social, No.32, (June 2005), pp. 31–44.* ___ **Statistics and Counterterrorism: The Role of Law, Policy and Ethics,** Presented at the Workshop on Statistics and Counterterrorism, National Institute of Statistical Science and the American Statistical Association, New York, November 20, 2004, 2005 Proceedings of the American Statistical Association, Section on Risk Analysis [CD-ROM], American Statistical Association, Alexandria, VA 2005, pp. 4052–4059. ___ William Seltzer and Margo Anderson, **After Pearl Harbor: The Proper Role of Population Statistics in Time of War,** Paper presented at the Annual Meeting of the Population Association of America, Los Angeles 2000.* ___ **The Dark Side of Numbers: The Role of Population Data Systems in Human Rights Abuses,** in: Social Research 68:2 (Summer 2001), pp. 481–513.* ___ **NCES and the Patriot Act: An Early Appraisal of Facts and Issues,** Paper prepared for presentation at the annual Joint Statistical Meetings, New York, August 10–15, 2002.* ___ **Government Statistics and Individual Safety: Revisiting the Historical Record of Disclosure, Harm, and Risk,** Paper prepared for presentation at a workshop: Access to Research Data: Assessing Risks and Opportunities, organized by the Panel on Confidential Data Access for Research Purposes, Committee on National Statistics (CNSTAT), The National Academies, Washington, DC, October 16–17, 2003.* ___ Pål Espen Søbye, **Et mørkt kapittel i statistikkens historie? [A dark chapter in the history of statistics?],** i: Samfunnsspeilet 8, nr. 4, Oslo: Statistics Norway 1998.

* Artikkel eller lenke er tilgjengelig på / Paper or link available at
http://www.uwm.edu/~margo/govstat/integrity.htm

Appendiks

Appendix

Biografi / Biography	Arnold Dreyblatt

Utdannelse / Education ___ **1980–82** Wesleyan University, studier i komposisjon og etnomusikologi / Studies in Composition and Ethnomusicology, (M.A. 1982); Studier i komposisjon hos / Composition Studies with Alvin Lucier ___ **1975–77** New York, studier i komposisjon og studier i nordindisk klassisk musikk / Composition Study and Study of North Indian Classical Music; Assistent og lydbåndregistrator for komponisten La Monte Young / Assistant and Tape Archivist for the Composer La Monte Young; Assistent for / Assistant for Shigeko Kubota, Nam June Paik, videoprogram / Video Program, Anthology Film Archives, New York ___ **1974–75** State University of New York, Buffalo; Studier ved / Studies at Center for Media Study hos / with Woody & Steina Vasulka, (M.A. 1976); Hollis Frampton, Paul Sharits; Sommerstudier i komposisjon hos / Summer Composition Course with Pauline Oliveros, Morton Feldman, John Cage ___ **1970–74** State University College, New Paltz, New York; Studier i litteratur og nye media med / Studies in Literature and New Media Arts with Irving J. Weiss, (B.A. 1974); Studier i elektroakustisk musikk hos komponisten / Studies in Electronic Music with the Composer Joel Chadabe, State University of New York, Albany

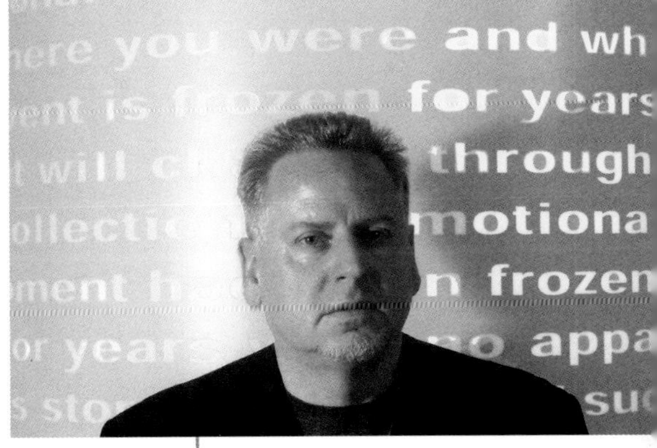

Arnold Dreyblatt

Undervisning / Teaching ___ **2006** Gjesteforeleser / Guest Lecturer, Kunsthochschule Berlin-Weißensee; Sommerakademi / Summer Academy, Hans-Böckler-Stiftung, Berlin ___ **2005** Gjesteforeleser / Guest Lecturer, Kunsthochschule Berlin-Weißensee; Sommerakademi / Summer Academy, Hans-Böckler-Stiftung, Berlin ___ **2004** Foredrag / Lecture, Sommerakademi / Summer Academy, Hans-Böckler-Stiftung, Berlin; Foreleser, computerkunst / Lecturer, Universität Lüneburg, seksjon for computerkunst / Department of Computer Arts ___ **2001–03** Gjesteprofessor, intermedia / Guest Professor, Mixed Media, Hochschule der Bildenden Künste Saar, Saarbrücken ___ **2000** Foreleser, akustiske media / Lecturer, Acoustic Media, Media Lab, Center for the Arts, MIT, Cambridge, Boston; Gjesteprofessor, billedkunst / Guest Professor, Department of Sculpture, Kunsthochschule Berlin-Weißensee ___ **1995–96** Foreleser, computerkunst / Lecturer, Universität Lüneburg, seksjon for computerkunst / Department of Computer Arts ___ **1980–82** Foreleser / Lecturer, Wesleyan University ___ **1979** Lærer i video og film for psykisk utviklingshemmete barn / Video and Film Teacher for Mentally Retarded Children, Arts Resource Center, East Harlem

Utstillinger og performancer / Exhibitions and Performances ___ **2006** «Reading Event: After Cage Network», leseperformance / Reading Performance, Cologne Fine Art, Köln; «Innocent Questions», kunst i offentlige bygg, utsmykkningsprosjekt / Public Art Project, HL-senteret / Villa Grande, Oslo; «Epigrafia», utstilling / Exhibition, Nationalgalerie Berlin / Hamburger Bahnhof Museum für Gegenwart, Berlin; «The Great Archive», installasjon / Installation, Galerie der Hochschule für Bildende Künste, Braunschweig ___ **2005** «Inscriptions», separatutstilling / Solo Exhibition; «Database Reading», leseperformance / Reading Performance, Jüdisches Museum, Frankfurt am Main; «Müller/Lorenz Archiv», performance og installasjon / Performance and Installation, Kunsthochschule Berlin-Weißensee ___ **2004** «Epitaph», installasjon / Installation, Galerie o zwei, Berlin; «Junko Wada Diary», performance / Peformance, Galerie Kunstfaktor, Berlin; «Index», installasjon / Installation, Komitéhuset, Stortinget, Oslo ___ **2003** «Aus den Archiven», separatutstilling / Solo Exhibition, Stadtgalerie, Saarbrücken; «Eight Paths», separatutstilling / Solo Exhibition, Galerie Anselm Dreher, Berlin; «Recovery Rotation», installasjon / Installation, Akademie der Künste, Berlin; «The Wunderblock», installasjon / Installation, Kunstverein Hannover; «mit Freunden und Studenten», utstillingsprosjekt / Exhibition Project, Galerie Pankow, Berlin

___ **2002** «Index», «The Great Archive», installasjoner / Installations, Galerie Bleibtreu, Berlin; «The Scribes», performance og installasjon / Performance and Installation, Wasserspeicher, Berlin; «T-Docs», installasjon / Installation, Pozitavska Gallery, Nove Zamky, Slovakia; «Flashbulb Memory», installasjon / Installation, Galerie Anselm Dreher, Berlin; «The ReCollection Mechanism», installasjon / Installation, Arte in Memoria, Ostia Antica, Rome ___ **2001** «The Reading Room», Biennale Bern; «The Wunderblock», installasjon, symposium om kunst som vitenskap, vitenskap som kunst / Installation, Symposium Kunst als Wissenschaft, Wissenschaft als Kunst; Gemäldegalerie, Berlin; «Index», installasjon / Installation, Galerie Kai Hilgemann, Berlin; «The ReCollection Mechanism», installasjon / Installation, The Jewish Museum, New York; «Junko Wada Diary»; leseperformance / Reading Performance, Gelbe Musik, Berlin ___ **2000** «The Wunderblock», installasjon / Installation, Galerie Anselm Dreher, Berlin; Kunstmesse Art Forum, Berlin ___ **1999** «From the Archives», fire installasjoner, romlandskap / Four Installations, Room Environment; das xx.jahrhundert, ein jahrhundert kunst in deutschland; Nationalgalerie Berlin / Hamburger Bahnhof Museum für Gegenwart; «Fernglas», performance; anatomisk teater / Performance; Anatomisches Theater im Raum-Programm von Inge Mahn Hörsaalruine und Anatomisch-pathologischen Sammlung des Berliner Medizinhistorischen Museums an der Charité, Berlin ___ **1998** «The Memory Project», utstilling / Exhibition, The Felix Meritis Foundation, Amsterdam ___ **1997** «Who's Who in Central & East Europe 1933», Multimedia Opera, Theater Spektakel, Zürich / Festspielhaus Hellerau-Dresden / Theater im Pfalzbau, Ludwigshafen/Rhein; «The Great Archive», installasjon / Installation, Veletrzni Palac, Prag / «The Great Archive», «The Scrolls», installasjoner / Installations, IN MEDIAS RES, Istanbul ___ **1996** «Memory Arena», utstilling og performance / Exhibition and Performance, Arken Museum for Modern Art, Copenhagen; «The Great Archive», installasjon / Installation; Jüdisches Museum, Wien ___ **1995** «Memory Arena», utstilling og performance / Exhibition and Performance, Kampnagel Kulturfabrik, Hamburg / Bayerisches Staatsschauspiel/Marstall, München; «Who's Who in Central & East Europe 1933», Multimedia Opera, Kunstmuseum, Wolfsburg / Petrofi Czarnok, Budapest ___ **1994** «Who's Who in Central & East Europe 1933», Multimedia Opera, Festival Berlin Dnes a Tady – Berlin Hier und Jetzt, Goethe-Institut, Prag; Tiefbau Kabinett, installasjon / Installation, Galerie o zwei, Berlin ___ **1993** «La Scalinate di Piazza d'Italia», installasjon / Installation, Galerie o zwei, Berlin; «T: Aus den Großen und Kleinen Archiven», separatutstilling / Solo Exhibition, Galerie o zwei, Berlin ___ **1992** «The Party Celuloid», Linoltrykk / Lino-Print, Galerie ShinShin, Berlin ___ **1991** «Who's Who in Central & East Europe 1933», Multimedia Opera Inventionen 91, Berlin (DAAD) / Kulturpalast, Dresden / Gasteig, München / Wiener Fest Wochen, Wien; «Star Trap», multimediaperformance / Multimedia Performance, Zeiss Groß-Planetarium, Berlin ___ **1990** «Animal Magnetism», installasjon / Installation, Fletch Bizzel, Dortmund ___ **1988** «Die Luftmenschen», Multimedia Performance, Ars Electronica, Linz / Het Apollohuis, Eindhoven

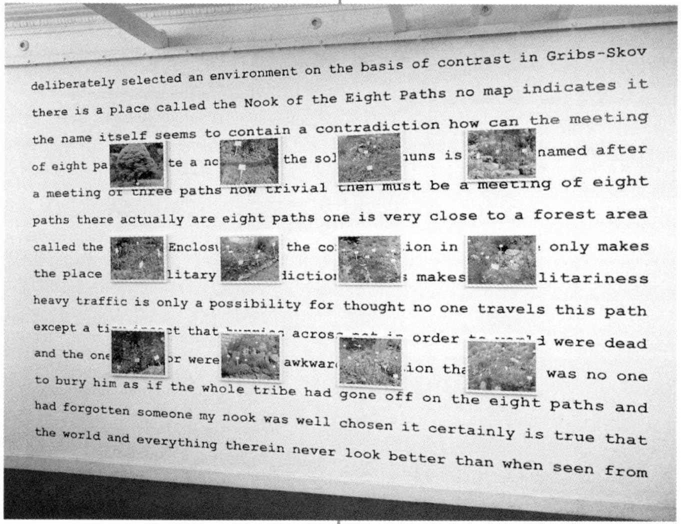

«Eight Paths», 2003, Galerie Anselm Dreher, Berlin

Film- og videoarbeid / Film and Video Works ___ **2003** «Concordance», DVD, TFT monitorer / Monitors, 5.6" / inch ___ **1999** «The March» («From the Archives»), DVD, bakprojeksjon / Rear Projection, 10 min., loop ___ **1996** «The Salt Mine» («T: from the Great and Small Archives»), video / Videotape, VHS, 17 min., loop ___ **1992** «Exploding Library» («T: from the Great and Small Archives», «Memory Arena»), video / Videotape, VHS, 8 min., loop ___ **1991** «Collapse» («Who's Who in Central & East Europe 1933»), Computerdata i 16 mm filmformat, farge / Computer Data on 16 mm Film, Color, 12 min. ___ **1976** «Lapse»,

Video, 1/2" / Videotape, 1/2 inch, 16 min., loop ___ **1975** «Decay», «Oscillations», Video, 1/2" / Videotape, 1/2 inch, 22 min., loop ___ **1974** «A Tossup with the Steadfast Aggregate», 8 mm film, animasjon og lydbånd / Animated 8 mm Film and Audio Tape, Lydspor produsert ved / Soundtrack produced at Electronic Music Studio in S.U.N.Y. Albany, New York; «Uranus», video, 1/2" / Videotape, 1/2 inch, 13 min., loop

Stipend og priser / Grants and Prizes ___ Publiseringsstipend / Publication Grant, Fritt Ord / Freedom of Expression Foundation og / and Norsk kulturråd / Arts Council Norway; 1. pris internasjonal konkurranse / First Prize International Competition, Utsmykkingsfondet for offentlige bygg / The National Foundation for Art in Public Buildings, Oslo ___ **2004** Bestillingsverk / Commission, Irish Arts Council, Dublin ___ **2000–01** Artist in Residence, Center for the Arts, MIT, Cambridge, Boston ___ **2000** Pris for billedkunst / Award Prize in Visual Arts, Akademie der Künste Berlin ___ **1997–99** Stipend / Grant, Foundation for Contemporary Performance Art Inc., New York City ___ **1997–98** Artist in Residence, Felix Meritis Foundation, Amsterdam ___ **1995** Prosjektstipend / Project Grant, Senat für kulturelle Angelegenheiten, Berlin; Prosjektstipend / Project Grant, Kulturfonds e.V., Berlin ___ **1994** Publiseringsstipend / Publication Grant, Bild-Kunst e.V., Bonn ___ **1993** Prosjektstipend, Kunstfonds e.V., Bonn ___ **1987–89** Prosjektstipend / Project Grant , DAAD, Berlin; Philip-Morris-Kunstpreis, München ___ **1987–86** Artist in Residence, Het Apollohuis, Eindhoven; Composer in Residence, STEIM, Amsterdam ___ **1985–86** Stipend / Grant, Luftbrückendank Foundation, Berlin ___ **1983–84** Europeisk reisestipend / European Travel Grant, Overbrook Foundation; Artist in Residence, Künstlerhaus Bethanien, Berlin ___ **1979** Kunstnerstipend / Art Grant, New York State Council on the Arts, New York City

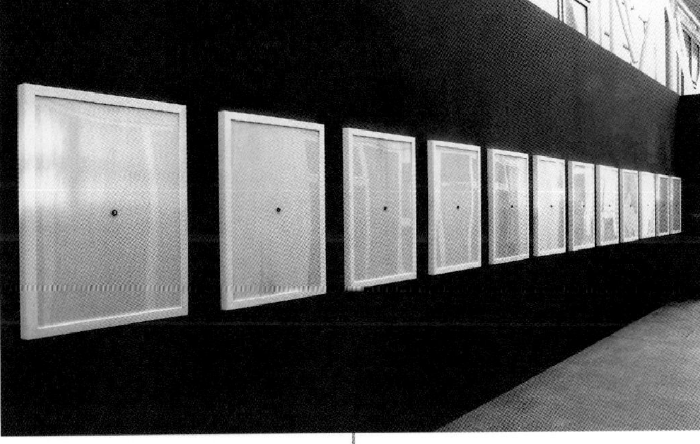

Publikasjoner / Publications ___ Hands on the Document: Arnold Dreyblatt's T Archive, i / in: Sign Here! Handwriting in the Age of Technical Reproduction, University of Amsterdam Press (with Jeffrey Wallen) ___ **2003** The Arnold Dreyblatt Archive, i / in: interarchive, Archivarische Praktiken und Handlungsräume im zeitgenössischen Kunstfeld, Köln ___ **2002** Questionnaire 2, i / in: Performance Research, On Archives and Archiving, 7 (4), Devon; The Text Writes Itself, i / in: Performance Research 7 (2), Devon ___ **2001** Steina and Woody Vasulka, i / in: Norsk Kortfilmfestival, Oslo ___ **2000** Inscription. A proposal for the Jewish Museum Berlin, Berlin ___ **1998** The Memory Work, i / in: Performance Research 2 (3), Cardiff ___ **1997** Hypertext and Memory in Performance and Installation, i / in: The Communication Review 2 (1), San Diego; Hypertext und Erinnerung als Performance und Installation, i / in: Hyperkult. Geschichte, Theorie und Kontext digitaler Medien, Basel, Frankfurt am Main; Who's Who in Central & East Europe 1933 and Memory Arena. Internet Website Universität Lüneburg; Spaces of Memory, i / in: kursiv 2–4, Linz; Who's Who in Central & East Europe 1933. Eine Reise in den Text, Gerhard Wolf Janus Press, Berlin; Frauen aus dem Who's Who in Central and East Europe 1933, i / in: Ein Text für C. W., Berlin ___ **1993** Do-It-Yourself Downtown, i / in: USArts, Amerikanische Kunst im

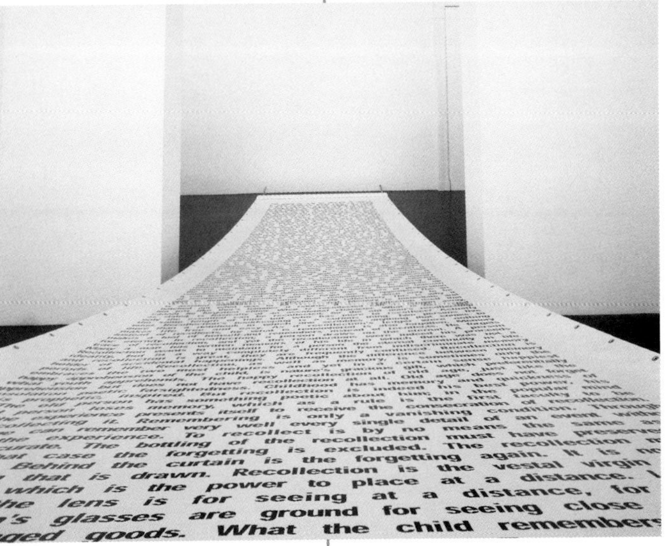

Arnold Dreyblatt, «Replica», 2005, Jüdisches Museum, Frankfurt

Arnold Dreyblatt, «Retrospect», 2003, Galerie Anselm Dreher, Berlin

20. Jahrhundert, Berlin ___ **1991** Who's Who in Central & East Europe 1933, i / in: Inventionen 1991, Musik im Februar, Berlin ___ **1989** Introduction, Budapest-Horus Archives, Sandor Kardos, Eindhoven ___ **1987** The sound of one string, i / in: ECHO. The images of sound, Eindhoven Paul Panhuysen, i / in: ECHO. The images of sound, Eindhoven ___ **1975** Cybernetics: New Personal and Cultural Definition for Process and Design, i / in: Critique of the Social Sciences, State University College, New Paltz

Utstillingskataloger / Exhibition Catalogs ___ **2006** Innocent Questions; Kehrer Verlag, Heidelberg ___ **2005** Inschriften / Inscriptions, Jüdisches Museum, Frankfurt am Main ___ **2004** Haushalten, Galerie Pankow / Kunstamt Pankow, Berlin ___ **2003** Aus den Archiven, Stadtgalerie Saarbücken; Kehrer Verlag, Heidelberg; Conceptualisms in Musik, Kunst und Film; Akademie der Künste, Berlin ___ **2002** KunstRaumStrasse 1991–2001. Galerie o zwei, Berlin; Arte I Memoria. Incontri Internazionali d'Arte, Roma ___ **2001** Hudobné simulakrá. Jozef Cseres, Bratislava ___ **2000** Vor mehr als einem halben Jahrhundert. Positionen zeitgenössischer Kunst zur Erinnerung, Landesgalerie, Oberösterreichischen Landesmuseum, Linz; Anatomisches Theater: ein Raum-Programm von Inge Mahn, Berlin (diálogo ViaArte; 1) ___ **1999** In the Event of Text, Routledge, London ___ das xx. jahrhundert. ein jahrhundert kunst in deutschland, Nationalgalerie Berlin; Hamburger Bahnhof, Museum für Gegenwart, Berlin ___ **1997** IN MEDIAS RES. Fotografie und andere Medienkunst aus Berlin, Berlin; Judenfragen. Jüdische Positionen von Assimilation bis Zionismus, Jüdisches Museum Wien ___ **1987** Berlin-New York. Arnold Dreyblatt/Penelope Wehrli. Vereisung. Collaborative Projects, New York; Stadtansichten. Berlin/New York Exchange. NGBK, Berlin; Echo. The images of sound. Het Apollohuis, Eindhoven

Musikk / Music ___ **2006** «Live at Federal Hall», Table of the Elements, Milwaukee, CD; Arnold Dreyblatt Archive, Table of the Elements, Atlanta, Box-Set (4 CD's); «Resonant Relations», Cantaloupe Records, New York, CD; «Lapse», Table of the Elements, Atlanta, LP ___ **2001** «The Adding Machine», Cantaloupe Records, New York, CD ___ **2000** «Escalator», Renegade Heaven, Bang on a Can All-Stars, Cantaloupe Music, (Bang On A Can), New York, CD ___ **1998** «The Sound of One String – Previously Unreleased Live Recordings 1979–1992», Table of the Elements, Atlanta, CD; «Nodal Excitation» (remix av / Reissue from Jim O'Rourke), Dexter's Cigar, Drag City, Chicago, CD ___ **1995** «Animal Magnetism», produsert av / Produced by John Zorn, Zaddik Records, New York, CD ___ **1992** «a haymisch groove», Extraplatte, Vienna, CD ___ **1989** «End Correction», «Music for String Orchestra», De Salon, Groningen, Netherlands, kassett med katalog / Cassette with Catalog ___ **1986** «Propellers in Love», «High Life», Hat Art Records, Basel, CD; «Propellers in Love», Künstlerhaus Bethanien, Amerika Haus, Berlin, kassett med katalog / Cassette with Catalog ___ **1982** «Nodal Excitation», India Navigation Records, New York, LP / LP

Artikkelforfattere, fotograf / Authors, Photographer

Eugen Blume ___ Eugen Blume er født 1951 i den midttyske industribyen Bitterfeld. Han studerte kunsthistorie, arkeologi og estetikk ved Humboldt Universitet i Berlin. Fra 1981 arbeidet han i Kupferstichkabinett ved Statlige Museum i Berlin og fra 1995 for Nasjonalgalleriet, Hamburger Bahnhof Museum for Samtidskunst i Berlin. Siden 2001 har han vært direktør ved Hamburger Bahnhof, og fra 2005 har han vært æresprofessor på Kunstakademiet i Bremen. Han har undervist ved Burg Giebichenstein, Akademi for Kunst og Design i Halle, ved Akademi for Trykk og Bokkunst i Leipzig og ved Kunstakademiene i Dresden og Stuttgart. Han har skrevet mangfoldige publikasjoner og kuratert utstillinger om forskjellige temaer og perioder. / Eugen Blume was born in 1951 in the central German industrial city of Bitterfeld. He studied Art History, Archaeology and Aesthetics at the Humboldt Universität in Berlin. From 1981 he worked at the Kupferstichkabinett of the State Museums, Berlin and from 1995 at the National Gallery, Hamburger Bahnhof Museum for Contemporary Art, Berlin. Since 2001 he is the Director of the Hamburger Bahnhof and since 2005 he is Honorary Professor at the Art Academy, Bremen. He has lectured at the Burg Giebichenstein, Academy for Art and Design in Halle, at the Academy for Graphic and Bookart, Leipzig, and at the Art Academies in Dresden and Stuttgart. He has written for numerous publications and curated exhibitions on various themes and periods.

Jan Brockmann ___ Jan Brockmann er født 1935 i Berlin. Fra 1953–1961 studerte han ved universitetene i Kiel og Frankfurt/M. Han promoverte i Kiel 1961. Fra 1961–1970 var han lektor, senere førsteamanuensis i tysk litteratur ved Norges Lærerhøgskole i Trondheim. Fra 1970–1987 var han dosent, senere professor i estetikk ved Arkitektavdelingen NTNU i Trondheim. Fra 1988–1996 var han direktør ved Museet for samtidskunst i Oslo, senere seniorrådgiver. Fra 2000–2004 var han Henrik-Steffens-Professor ved Humboldt Universitet i Berlin. / Jan Brockmann was born 1935 in Berlin. From 1953–1961 he studied at the universities of Kiel and Frankfurt am Main (Dr. phil.). From 1961–1970 he was assistant and later associate professor at The Norwegian Teachers College, Trondheim. From 1970–1987 he was an associate professor and later full professor of aesthetics at The Norwegian University of Science and Technology, Trondheim. From 1988–1996 he was the founding director of The National Museum of Contemporary Art, Oslo, later a senior advisor. From 2000–2004 he was Henrik-Steffens-Professor at the Humboldt Universität, Berlin.

Jiri Havran ___ Jiri Havran er født 1953 i Teplice i Tsjekkoslovakia og flyttet til Norge i 1974, hvor han nå er etablert som en av Norges meste fremragende arkitekturfotografer. Han har bidratt i en rekke publikasjoner med arkitektur som tema, både moderne og tradisjonell: «Beautiful Houses in Norway, Gudbrandsdalen», «Beautiful Houses in Norway, Sørlandet», «Kongens Hus», «Ålesund, City of Art Nouveau», «Bergstaden Røros», «Bryggen i Bergen», «St. Hallvard Abbey», «Hardanger og fjorden», and «Norwegian Stave Churches». På åtti- og nittitallet arbeidet Havran som kunstfotograf. Han har hatt mange separat- og gruppeutstillinger både i Norge og utenlands. / Jiri Havran was born 1953 in Teplice in the Czech Republic. He came to Norway in 1974 and is now established as one of Norway's foremost architectural photographers. He has collaborated on a number of publications and books about both modern and traditional architecture, amongst which are: »The Beautiful Houses in Norway, Gudbrandsdalen«, »The Beautiful Houses in Norway, Sørlandet«, »Kongens Hus«, »Ålesund, the City of Art Nouveau«, »Bergstaden Røros«, »Bryggen i Bergen«, »St. Hallvard Abbey«, »Hardanger og fjorden« and »The Norwegian Stave Churches«. In the 80's and 90's he was active as an art photographer. He has held several solo exhibitions in both Norway and abroad, and he has participated in many collective shows.

Odd-Bjørn Fure ___ Odd-Bjørn Fure er født i 1942 og er forskningsdirektør ved HL-senteret. 1984 tok han doktorgraden på arbeidet «Mellom reformisme og bolsjevisme. Norsk arbeiderbevegelse 1918–1920». Fure er professor ved Historisk institutt, Universitetet i Bergen, og hans forskningsfeltet er arbeiderbevegelsens historie, norsk utenrikspolitikk, internasjonale relasjoner og det internasjonale statssystem, andre verdenskrig, nasjonalsosialismen/Holocaust, sivilisasjonshistorie, mentalitetshistorie og vitenskapshistorie. / Odd-Bjørn Fure was born in 1942 and is research director of HL-senteret. In 1984 he received a doctoral degree based on the work »Between Reformism and Bolshevism. The Norwegian Worker's Movement 1918–1920.« He is currently Professor at the Department of History, University of Bergen. Professor Fure's research interests include the history of workers' movements, Norwegian foreign policy, international relations and the international state system, WW II, national socialism and the Holocaust, history of civilization, history of mind, and the philosophy of science.

William Seltzer ___ William Seltzer er seniorforsker ved Fakultet for sosiologi og antropologi ved Fordham Universitetet i New York. De siste seks årene har han også vært leder for den Amerikanske Statistiske Forbunds Komtié for profesjonell etikk. Han er demograf og statistiker, og mellom 1960 og 1994 arbeidet han for U.S. Census Bureau, Populasjonrådet, og i en tyveårsperiode ved FN's Statistiske Avdeling. I løpet av denne perioden fokuserte han på demografisk måling, dual systemberegning og statistisk administrasjon. I senere tid har han engasjert seg i forskning på statistisk etikk, på misbruk av befolkningsdata, statistisk hemmeligholdelse og statistisk politiske stridsspørsmål mer generelt, samt bruken av demografiske og statistiske metoder til å kvantifisere følgene av folkemord og grove brudd på menneskerettighetene. / William Seltzer is a Senior Research Scholar in the Department of Sociology and Anthropology at Fordham University in New York. For the past six years he has also been Chair of the American Statistical Association's Committee on Professional Ethics. He is a demographer and statistician and between 1960 and 1994 he worked for the U.S. Census Bureau, the Population Council, and for over two decades, the United Nations Statistics Division. During that period, Mr. Seltzer's work focused on demographic measurement, dual system estimation, and statistical administration. More recently he has been engaged in research on statistical ethics, the misuse of population data systems, statistical confidentiality and statistical policy issues more generally, and the use of demographic and statistical methods to quantify the toll of genocide and other major human rights abuses.

Jon-Ove Steihaug ___ Jon-Ove Steihaug er norsk kunsthistoriker, kurator og kunstkritiker, nylig også foreleser ved Universitetet i Oslo. Han er forsker på samtidskunst og teori og skriver en avhandling om den sære norske kunstneren Bendik Riis. Steihaug har blant annet vært kurator for utstillingen «Naturally Artificial» ved den nordiske paviljongen ved Biennale di Venezia i 1997 og for «Fellessentralen» i Kunstnernes Hus i Oslo 1998, hvor fokus lå på nittitallets unge norske kunstscene. Steihaug grunnla nettstedet kunstkritikk.no i 2003, hvor han var redaktør frem til 2005. / Jon-Ove Steihaug is a Norwegian art historian, curator and critic, and is currently a lecturer at the University of Oslo. He has written and researched on contemporary art and theory and is finishing a dissertation on the Norwegian outsider artist Bendik Riis. Among other things, he curated the exhibition »Naturally Artificial« for the Nordic Pavillion at the Biennale di Venezia in 1997, as well as a survey of the young Norwegian art scene of the 1990s (»Fellessentralen«, Kunstnernes Hus, 1998). He initiated the website kunstkritikk.no in 2003, and served as its editor until 2005.

Takkeliste / Acknowledgments

Prosjektet er støttet av / Project supported by: Utsmykkingsfondet for offentlige bygg, Oslo / The National Foundation for Art in Public Buildings. ___ For idé- og designutvikling vil jeg gjerne takke følgende / For the preparation of the original proposal and initial design I am very thankful to: Luca Ruzza, Architect; Open Lab Company, Roma og / and Dirk Lebahn, eye-D mediengestaltung, Berlin. ___ Realiseringen av «Uskyldige Spørsmål» ble muliggjort gjennom konstruktivt samarbeid og med støtte fra / The realization of »Innocent Questions« was only possible through the constructive cooperation and support by: Dag Wiersholm, prosjektkonsulent / project advisor; Jan Brockmann, kunstnerisk konsulent og leder for Utsmykkingsutvalgets komité / artistic consultant and director of Foundation Commitee; Lisa Pacini Moland, prosjektkoordinasjon / project coordination, Utsmykkingsfondet for offentlige bygg, Oslo / The National Foundation for Art in Public Buildings, Oslo og / and Fredrik Torp, Telje-Torp-Aasen Arkitektkontor A.S., Oslo. ___ Planlegging, bygging og installasjon / planning, construction and installation: Maas & Roos Lichtwerbung GmbH, Hilpotstein; Focus Neon AS, Oslo; Telje-Torp-Aasen Arkitektkontor A.S., Oslo. ___ Programmering av tidsintervaller og simulasjon / Timing programming and simulation: Alexander Krestovskij, Prag. ___ Topografisk plassering av verket / Topographic positioning: Dirkjan van der Linde, Oslo. ___ HL-senteret Oslo: Odd-Bjørn Fure, Jan Myhr, Katusha Otter Nilsen, Kari Adam og Maria Rossvoll. ___ Jeg retter en stor takk til følgende personer for viktige bidrag / I wish to personally thank the following individuals and institutions whose contribution has been essential: Tone Avenstroup, Lennart Bjersne, Edwin Black, Eugen Blume, Anna Bolneset, Jan Brockmann, Vanessa Buffy, Jeanette Christiansen, Alison Des Forges, Petra Schmidt Dreyblatt, Dag Erik Elgin, Ola Enstad, Ketil Greging, Haakon Grønnaess, Jürgen Hofmann, IBM Deutschland GmbH, Klaus Kehrer, Tobias Künzel, Liv Mette Larsen, Riksarkivet Oslo, Alina Reznik, Jürgen Schlotter, William Seltzer, Pål Espen Søbye, Jon-Ove Steihaug, Mats Sundberg, Marijke Verpoorten.

© 2006 Kehrer Verlag Heidelberg, kunstner, skribenter og fotografer / artist, authors, and photographers
© 2006 VG Bild-Kunst, Bonn, for verkene til / for the works of Arnold Dreyblatt

Publikasjonen er støttet av / Publication supported by: Institusjonen Fritt Ord / The Freedom of Expression Foundation, Norsk kulturråd / Norwegian Council for Cultural Affairs og / and Senteret for studier av Holocaust og livssynsminoriteter / Center for Studies of Holoaust and Religious Minorities, Oslo.

Utgitt i forbindelse med installeringen av Arnold Dreyblatts verk «Uskyldige Spørsmål» ved Senteret for studier av Holocaust og livssynsminoriteter, Villa Grande, Oslo. / This catalog is published on the occasion of the installation of Arnold Dreyblatt's permanent work »Innocent Questions« at The Center for Studies of Holocaust and Religious Minorities, Villa Grande, Oslo.
Innviet 23. august 2006. / Dedication: August, 23, 2006. Verket «Uskyldige Spørsmål» vant en lukket konkurranse sponset av Utsmykkingsfondet for offentlige bygg i 2004. / »Innocent Questions« was the winner of a closed competition sponsored by the National Foundation for Art in Public Buildings, Oslo in 2004.

Konsept / Concept: Arnold Dreyblatt
Tekster / Texts: Eugen Blume, Jan Brockmann, Arnold Dreyblatt, Odd-Bjørn Fure, William Seltzer, Jon-Ove Steihaug
Korrektur / Proofreading: Tone Avenstroup, Margarita Kallweit, Palmyre Pierroux
Oversettelser / Translations: Mitch Cohen (Eugen Blume, ger/eng), Eivind Lilleskjæret (Eugen Blume, ger/nor), Sten Inge Jørgensen (Arnold Dreyblatt ger/no, William Seltzer eng/no), Palmyre Pierroux (Jon-Ove Steihaug no/eng, Jan Brockmann no/eng), Maria Rosvoll (Odd-Bjørn Fure no/eng)
Design / Design: Kehrer Design Heidelberg (Vanessa Buffy, Alina Reznik)
Produksjon / Production: Kehrer Design Heidelberg
Omslag / Cover: Arnold Dreyblatt, «Innocent Questions», 2006 (detalj /detail)

Fotokilder / Photo Credits:
Apartheid Museum, Johannesburg, SA: 70 ___ Edwin Black: 52 til v. / left; 65 ø. / above ___ Edwin Black / Bundesarchiv: 54 n. / below ___ Dirk Bleicker: 68 ___ Arnold Dreyblatt: 8, 12, 15, 17, 28, 30, 33 n. til h. / lower right, 55, 62, 65 n. / below, 72, 67 ___ European Community: 59 ___ Forsvarsmuseet:14 ___ Tom Gundelwein: 21, 24, 25 ___ Jiri Havran: 2, 7, 9 n. / below, 13, 34–49, 61 ___ Horst Hessel / HostHelp.de: 54 andre n. / second to bottom ___ HKSAR: 27 (graphic) ___ IBM Deutschland GmbH: 18, 50 ø. & n. til h. / above & below right, 51, 52 ø. & n. til h. / above & below right, 53, 54 ø. / above ___ Douglas W. Jones: 54 tredje bilde / third image ___ Waldemar Kremser 81, 82, 83 n. / below ___ Alexandr Krestovskij: 29 n. / below ___ Wolfgang Lukowski: 22, 23, 83 ø. / above ___ Maas & Roos: 29 ø. / above ___ 33 til v. / left ___ Riksarkivet Oslo: 56 ___ Luca Ruzza 19 ___ Pål Espen Søbye, ukjent fotograf / Photographer Unknown: 66___ Telje-Torp-Aasen Arkitektkontor A.S. Oslo: 11 ø. (tegning) / above (drawing)___ Bob Van Dantzig: 20___ Dirkjan van der Linde / Telje-Torp-Aasen Arkitektkontor A.S. Oslo: 33 ø. til h. (tegning) / above right (drawing) ___ University of Leipzig: 54 andre ovenfra / second to top ___ United States Holocaust Museum: 53 n. / bottom ___ Marijke Verpoorten: 73 ø. / above___ Werner Zellien: 11 ___ Omslag forsiden & baksiden / Front & Back Cover: Jiri Havran

Bibliographic information published by the Deutsche Nationalbibliothek
The Deutsche Nationalbibliothek lists this publication in the Deutsche Nationalbibliografie; detailed bibliographic data are available in the Internet at http://dnb.d-nb.de.

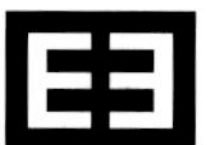

Kehrer Verlag Heidelberg
ISBN 10: 3-936636-91-5
ISBN 13: 978-3-936636-91-8